知識ゼロからの

インボイス制度

消費税の
基礎知識

インボイス制度
の影響

免税事業者の
選択肢

インボイス制度
の基本

眞鍋泰治
公認会計士・税理士
神谷了
公認会計士・税理士

インボイスの
経理処理

インボイス
発行の応用

幻冬舎

はじめに

インボイス制度がスタート

２０２３年10月1日から、ついにインボイス制度が開始されます。２０２９年までは経過措置が設けられているため、制度開始直後の影響はそこまで大きくないといわれていますが、「インボイス」という言葉がひとり歩きして不安に感じている人も多いのではないでしょうか。

インボイス制度のポイントを最低限にまとめると、次の４つです。

① インボイスとは、税務上の要件をクリアした請求書のことである
② インボイスは消費税の課税事業者しか発行できない
③ インボイスは登録して登録番号を取得しなければ発行できない
④ インボイスを受け取り保存しないと仕入税額控除※ができない

※消費税の納税額計算において税額を差し引くことができる計算のこと。

インボイス制度は、請求書を発行する側と受け取る側、どちらの立場にも影響がある制度です。

また、これまで消費税の免税事業者であったフリーランス・個人事業者にとっても、既存取引の継続のために課税事業者になることも検討する必要が生じています。

請求書を発行する側では「どうやったらインボイスを発行できるようになるか」、請求書を受け取る側では「インボイスではないものを受け取ったらどうなるか」ということを正しく知ることが大切です。そうすれば、インボイス制度で発生する可能性のある問題への対策も立てやすくなるでしょう。

消費税の知識があれば理解が深まる

インボイス制度を理解するうえでは、消費税の基本的な知識があるとスムーズです。

本書では第1章でインボイス制度の全体像について、第2章で消費税の基本的な知識、第3章で知識を踏まえての課税事業者・免税事業者それぞれの選択肢を提示しています。

そして、第4章・第5章ではインボイス発行の際の記載事項、第6章ではインボイスとも関係のある経理処理の細かな注意点などを取り上げました。

本書がインボイス制度開始までの準備にも、制度開始後の手引きとしても、みなさまの一助となれば幸いです。

眞鍋泰治
神谷　了

CONTENTS

第4章 ココから始める！ インボイス制度の基本

CONTENTS

第5章 知って得する！ インボイス発行の応用

第6章 もっと知りたい！ インボイスの経理処理

本書の見方

本書ではこれからインボイス制度について学ぶ人にも理解しやすいように、
図解やイラストを用いながらわかりやすく解説しています。

図解
本文に書かれている内容を図解しています。
本文とあわせて読むとより理解しやすくなります。

06
適格請求書発行事業者の登録申請はいつすればいいの？
制度の開始と同時に発行するには今から登録が必要

制度開始前に登録する

適格請求書発行事業者になるための、登録申請は2021年10月1日から始まっています。そして、**2023年10月1日の、インボイス制度開始と同時にインボイスを発行するためには、2023年9月30日までに「適格請求書発行事業者の登録申請書」の提出が必要となります。**

当初は、原則として2023年3月31日までの申請が必要とされ、2023年4月以降に申請する場合には、2023年3月31日までに提出が困難な事情を記載する必要がありました。しかし「令和5年度税制改正大綱」によって、提出が困難な事情記載は求めない見通しになり、運用上は、2023年9月30日までに登録申請書を提出すれば、インボイス制度が開始する2023年10月1日から適格請求書発行事業者として登録されることになりました。

登録のための申請方法

適格請求書発行事業者になるためには、登録申請書を提出します。

提出すると、税務署の審査が行われます。登録が認められた場合には「適格請求書発行事業者登録簿」に記録されます。記録されると、通知を受け事業者の情報が公表されます。

公表される情報は、インターネットで確認することができます。

なお、**登録申請書の提出方法はe-Taxを通じてインターネットで申請する方法と、書面により提出する方法があります。**

e-Taxによって申請する場合にはパソコン、スマートフォン、タブレットでの申請が可能です。

国税庁は、e-Taxで申請された場合には、登録までの期間が書面での申請より約3週間短くなるとしています。**書面で申請する場合、各国税局に設置されたインボイス登録センターに送付します。**誤って税務署に送付しないようにしましょう。

78

はみ出しメモ　個人事業者の場合には、事務所の所在地を登録するか否かを選択できるため、公表したくない場合には登録しなくてもよい。

79

用語／はみ出しメモ
本書に出てきた用語の解説や
関連情報などを掲載しています。

キャラクターによる解説
図解などの補足説明や追加の
情報を掲載しています。

・本書は2023年２月１日現在の法令や法改正情報に基づき作成しています。
・わかりやすく説明するため一定の法律用語の定義を変更している場合があります。

第1章

コレが変わる！
インボイス制度の影響

インボイス制度の導入により変わるのは「請求書」。インボイスの正式名称は「適格請求書」です。なぜインボイス制度が導入されたのか、インボイスが「誰に」「どのように」日々の取引や納税に影響するのかを解説します！

01

インボイス制度ってどんな制度？

請求書の形式が変わり納税額にも影響する

インボイスは請求書の形式

消費税法の改定により、２０２３年10月より「インボイス制度」が実施されます。**インボイスは、正式には「適格請求書」といいます。**これは、取引金額のなかに含まれる消費税の額を税率別に明らかにするもので、記載事項が法令で定められています。

インボイスは請求書であるため、売り手が買い手に交付するものですが、**税務署長の登録を受けた「登録事業者」でないと交付できません。**登録事業者であることを示すためにも、登録事業者に付与された「登録番号」を記載するなど、現行の「区分記載請求書」よりも記載事項が増えます。

インボイス制度は、このインボイスを基礎とした消費税の納税額の算定に関係する制度です。

納税額にも影響が出る

インボイス制度は、正式には「適格請求書等保存方式」といいます。このことからもわかるように、**買い手は消費税の仕入税額控除を受けるために、交付を受けたインボイスを保存することが必要です。**

また、売り手である登録事業者でも、買い手から求められたときはインボイスを交付したうえで、その写しを保存しておくことが必要です。

消費税の納税額の算定は、売上額に含まれる消費税額（買い手から受け取った消費税）から、仕入額に含まれる消費税額（売り手に支払った消費税額）を控除（一定の金額を差し引く）した額となります。このうち**仕入額に含まれる消費税額を控除することを「仕入税額控除」と呼びます。**

インボイス制度が始まると、インボイスの交付を受けない場合は仕入税額控除もできなくなるなど、手続きだけでなく納税額にも影響することを理解しましょう。

消費税の納税額は売上から仕入を引き算する

買い手から受け取った消費税額 → 売上額に含まれる消費税額（売上税額）

売り手に支払った消費税額 → 仕入額に含まれる消費税額（仕入税額）

売上額に含まれる消費税額（売上税額） － 仕入額に含まれる消費税額（仕入税額） ＝ 納付すべき消費税額（納税額）

仕入税額を計算上引き算するので、これを「仕入税額控除」と呼んでいます

インボイス制度はこの「仕入税額控除」に影響があるんですね

対応できないと納税額が増える

●インボイスの交付を受けられた場合

インボイスの交付を受けられた場合には、これまでどおりに仕入税額が控除される。

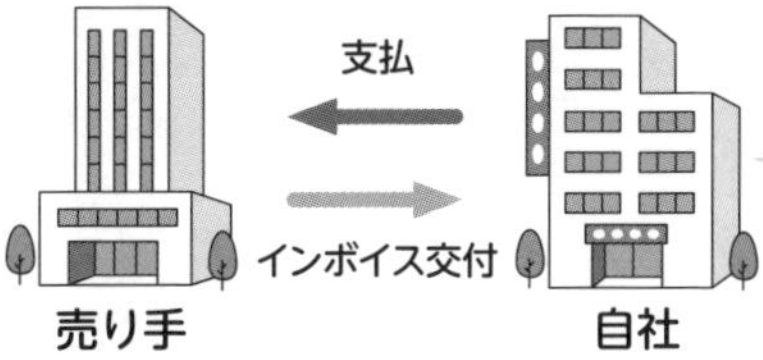

売上税額 100円 － 仕入税額 60円 ＝ 納税額 40円

●インボイスの交付が受けられなかった場合

インボイスの交付を受けられなかった場合には、仕入税額が控除できず納付税額が増える。

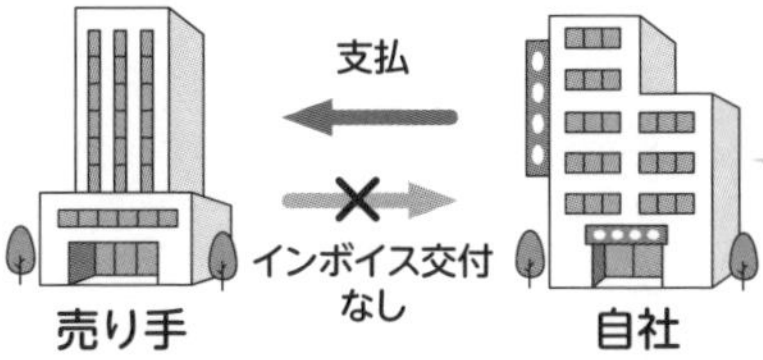

売上税額 100円 － 仕入税額 0円 ＝ 納税額 100円

はみ出しメモ インボイス制度に関する消費税法の規定は、インボイス制度が実際にスタートするまでのあいだにも見直されていくので、改正のフォローも重要になる。

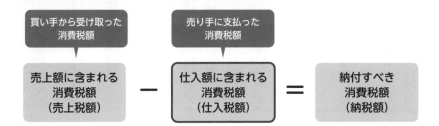

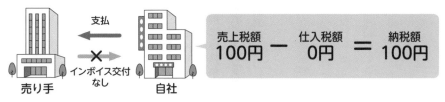

02

小規模な事業者にとっては死活問題？

免税事業者はインボイスを交付できない

消費税の納税義務

消費税法では、**一定の要件を満たす小規模な事業者について、納税義務を免除する「免税事業者」となることを認めています**。

すなわち、小規模な事業者においては、消費税にかかる複雑な事務に対応することが困難であるとして、納税義務を免除し、納税にかかる事務作業の軽減をはかっています。

免税事業者の場合には、納税手続きなどを行わないことから、仕入税額控除はできません。しかし、売上として受け取る消費税の納税も不要です。

通常は売上税額が仕入税額よりも大きいため、受け取る消費税の額が支払う消費税より大きくなります。この差額分については免税事業者の収入となるため、「益税」と呼ばれています。

インボイスで益税がなくなる

適格請求書発行事業者となれるのは課税事業者のみです。現行の区分記載請求書のように免税事業者による交付は行えなくなります。

免税事業者における益税の発生については、消費税制度導入の当初より批判がありました。近年消費税率が引き上げられ続けるなかで益税も拡大し続けており、税負担が大きくなっている消費者からの批判も高まっています。

そのため、**このような益税の発生を解消して、本来あるべきとおりに国に消費税が納められるようにすることが、インボイス制度が導入される大きな理由のひとつとなっています。**

ただし、小規模事業者のなかには、インボイス制度の実施により、益税をいきなり喪失することが経営にもかかわる死活問題となることも懸念されています。

免税事業者の要件

- 基準期間における課税売上高が1千万円以下
- 特定期間における課税売上高が1千万円以下
- 事業年度の開始の日における資本金の額または出資の金額が1千万円未満。ただし、特定新規設立法人は免税事業者となれない

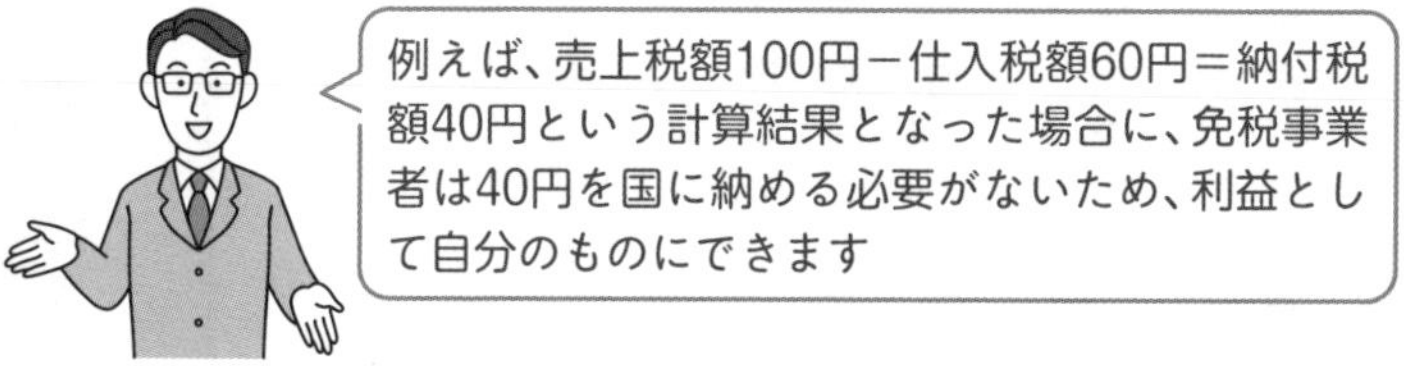
例えば、売上税額100円－仕入税額60円＝納付税額40円という計算結果となった場合に、免税事業者は40円を国に納める必要がないため、利益として自分のものにできます

これが「益税」なんですね！

免税事業者と課税事業者の関係図

インボイス制度が問題となるのは、売り手が免税事業者、買い手が課税事業者の場合。

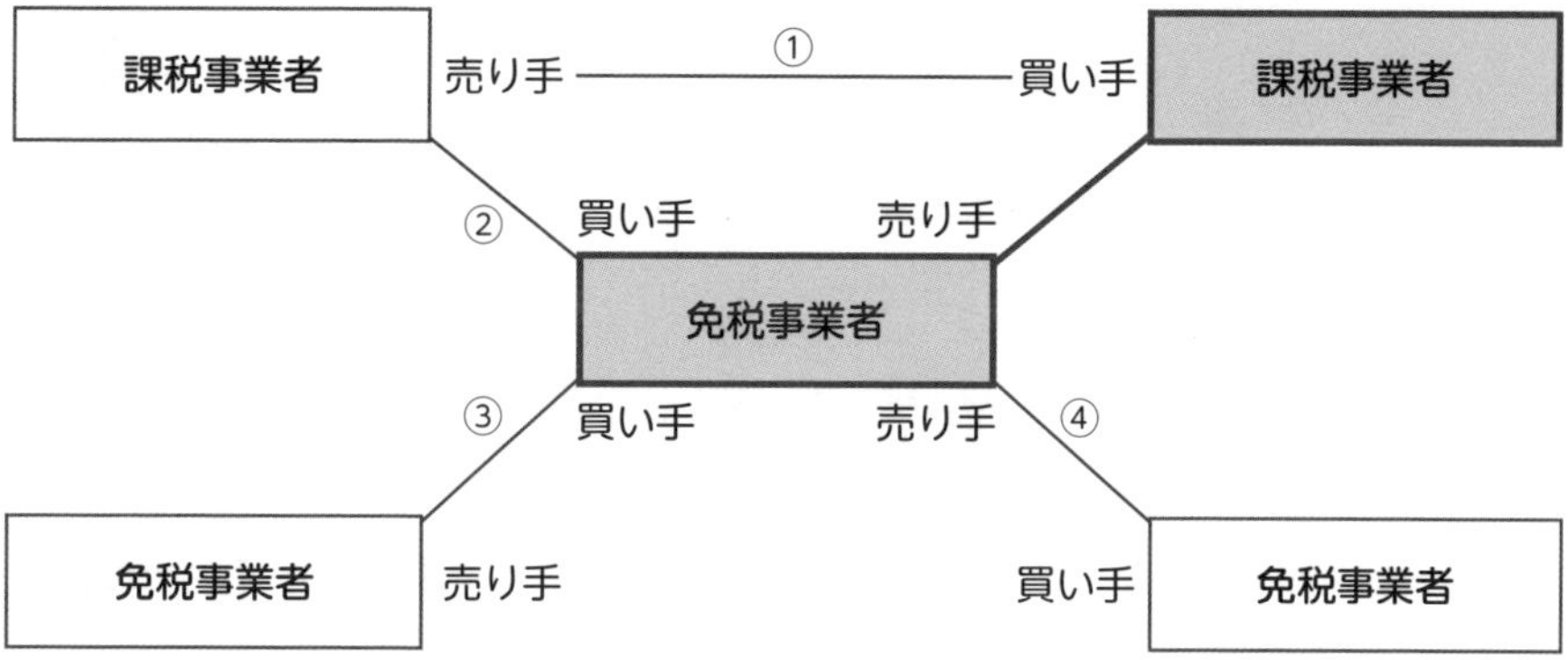
課税事業者
売り手
①
買い手
課税事業者
②
買い手
売り手
免税事業者
③
買い手
売り手
④
免税事業者
売り手
買い手
免税事業者

※売り手が課税事業者であればインボイスの交付が可能（①）
※買い手が免税事業者であればインボイスの交付は不要（②～④）

はみ出しメモ インボイス制度においては、経過措置として仕入税額の一部控除や適格請求書発行事業者となるための申請期限などの特例が設けられている。

03

免税事業者では、実際にどんな問題が起きるの？

インボイス制度で免税事業者の益税がなくなる

免税事業者は発行不可

インボイス発行事業者となれるのは、課税事業者だけです。免税事業者は、登録事業者にはなれません。このため、**インボイス制度が実施されると、買い手側では、免税事業者からの仕入については、仕入税額控除ができなくなります。**

したがって、買い手側から免税事業者である仕入先に対して、控除できなくなった税額分の値下げが要求されるかもしれません。これにより、小規模事業者の利益を圧迫することが懸念されています。

そこで、免税事業者となっている小規模事業者でも、課税事業者となることを選択肢として考える必要があります。

課税事業者となった場合は、インボイスの交付が可能となります。買い手側は、従来どおり仕入税額控除が可能となるため、値下げ交渉をされることはないはずです。

課税事業者になった場合の負担

免税事業者が課税事業者となった場合には、今までの「益税」部分を消費税として納税しなければならなくなり、やはり利益は圧迫されることとなります。

また、消費税の納税事務の負担も生じます。

インボイス制度は、税にかかる公平性の視点からは妥当かもしれません。しかし一方で、小規模事業者の利益を圧迫し、経営を厳しくしてしまうのが実情です。

先にインボイス制度が導入されたヨーロッパでは、小規模事業者が多く淘汰《とうた》されてしまったとの話もあります。

インボイス制度実施後もさらなる事業の発展を展望できるよう、適切な対応を検討し、実施しなければなりません。

どのような場合でも手元のお金が少なくなる

●免税事業者の場合（インボイス制度開始前）

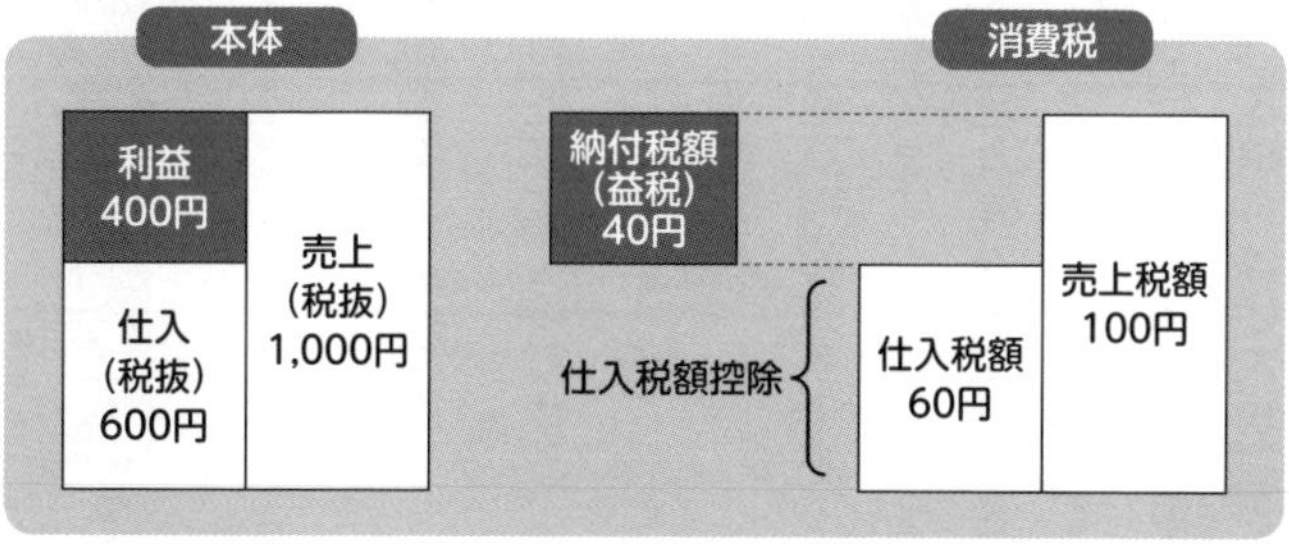

免税事業者の場合は益税が手元に残るため、この場合は**400円と40円の合計440円**が手元に残る。

●免税事業者のままで値下げした場合（売上を100円値下げし売上税額も90円となる）

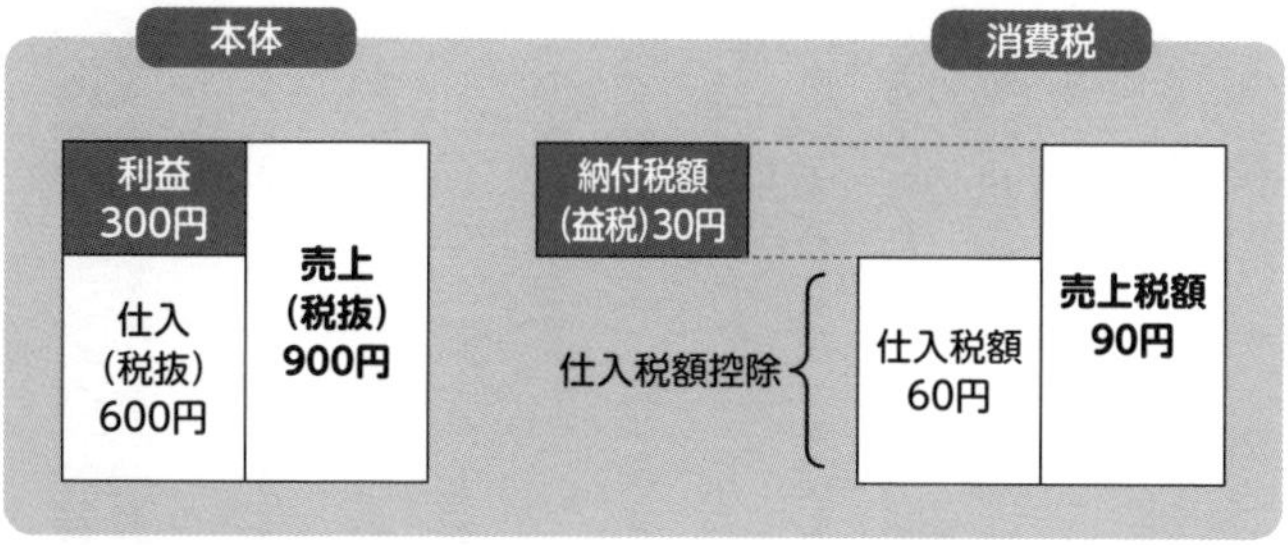

この場合も納付税額は益税として手元に残るが、値下げした分金額が少なくなり、**330円**が手元に残る。

●課税事業者になる場合

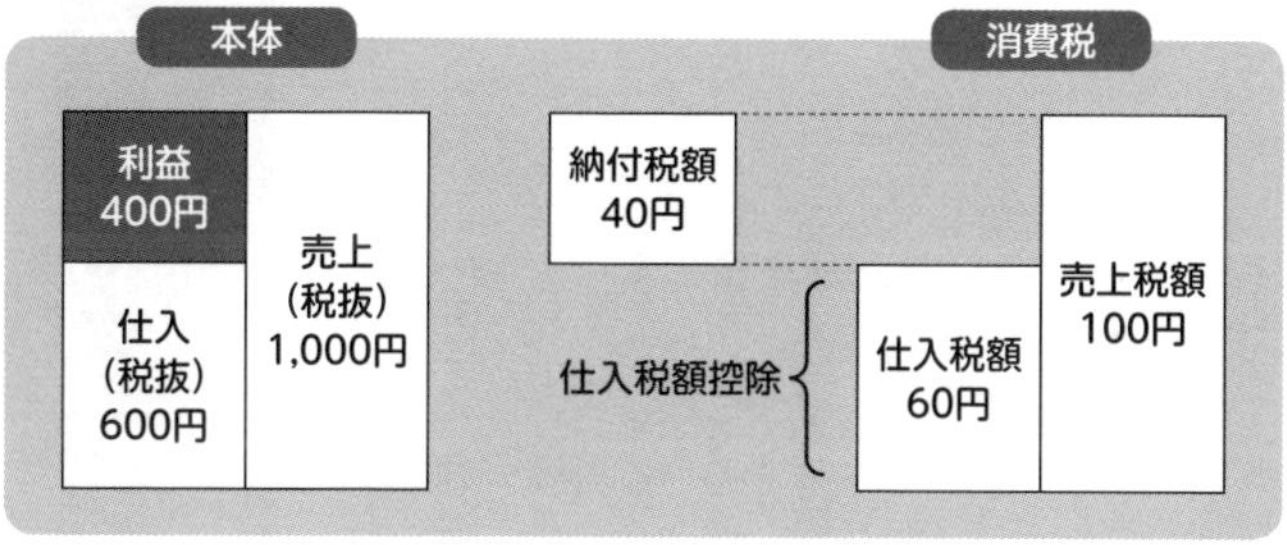

課税事業者となった場合には納付税額を実際に納付しなければならないため、手元に残るのは**400円**となる。

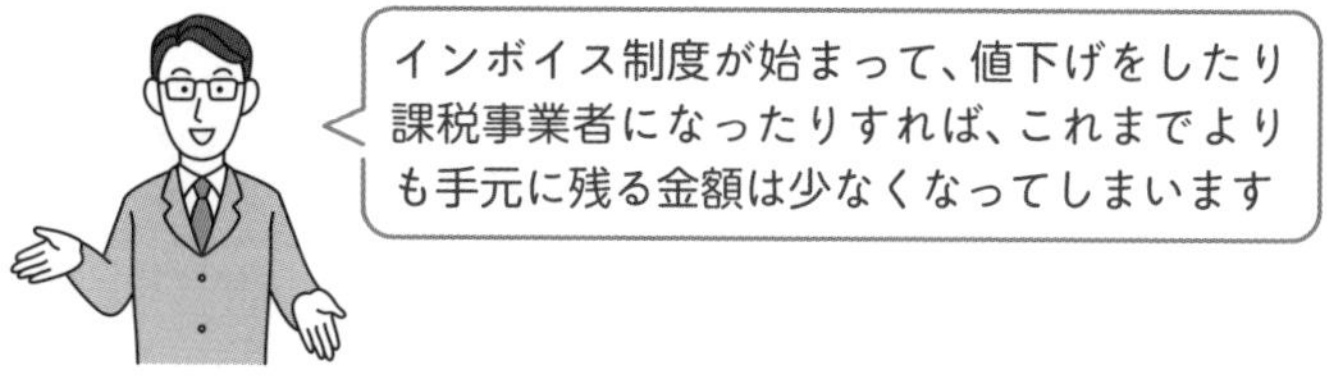

はみ出しメモ　スウェーデンの消費税率は25％だが、軽減税率も導入されている。軽減税率は食料品のほか、「アーティストの芸術作品」についても適用されている。

04

課税事業者の課題も山積み？

課税事業者も税金等負担額が増加する可能性がある

仕入先が免税事業者の場合

インボイス制度実施にあわせて、課税事業者についても仕入先への対応が必要となります。

まず、仕入先が課税事業者であるか、免税事業者であるかの確認が必要となります。**仕入先が免税事業者である場合は、課税事業者となってインボイスの交付を求める、免税事業者のままでいる場合は仕入税額が控除できなくなった分だけ仕入価格の値下げを求める、といった対応の検討が必要となります。**

仕入先が課税事業者になることを選び、納税義務が生じた場合は、逆に「今までは益税分だけ安く売っていた」として、値上げを要求されることもありえます。

いずれにせよ、今までの仕入税額控除部分を、どのような割合でお互いに負担するかが、大きな問題になると考えられます。その際、仕入先との交渉に際しては、独占禁止法等の「優越的地位の濫用」（P49）とならないよう、消費税以外の制度への配慮も必要です。特に相手が小規模な事業者である場合には気をつけなければなりません。

事務作業の整理も必要

仕入先が、課税事業者になったからといって安心はできません。

仕入先が課税事業者となった場合でも、小規模な事業者だとインボイスを交付することが困難なことがあります。その場合は、自らが交付する仕入明細書等で代替（P98）することも考える必要があります。仕入先と、どのような書類でやりとりをするか相談をして決めておく必要があります。

もちろん、自らが課税事業者である場合には、登録事業者となって請求書をインボイス制度に対応した形式のものに変更する作業も必要となります。

課税事業者も税額負担増加分のすべては転嫁できない

●免税事業者と取引を継続した場合

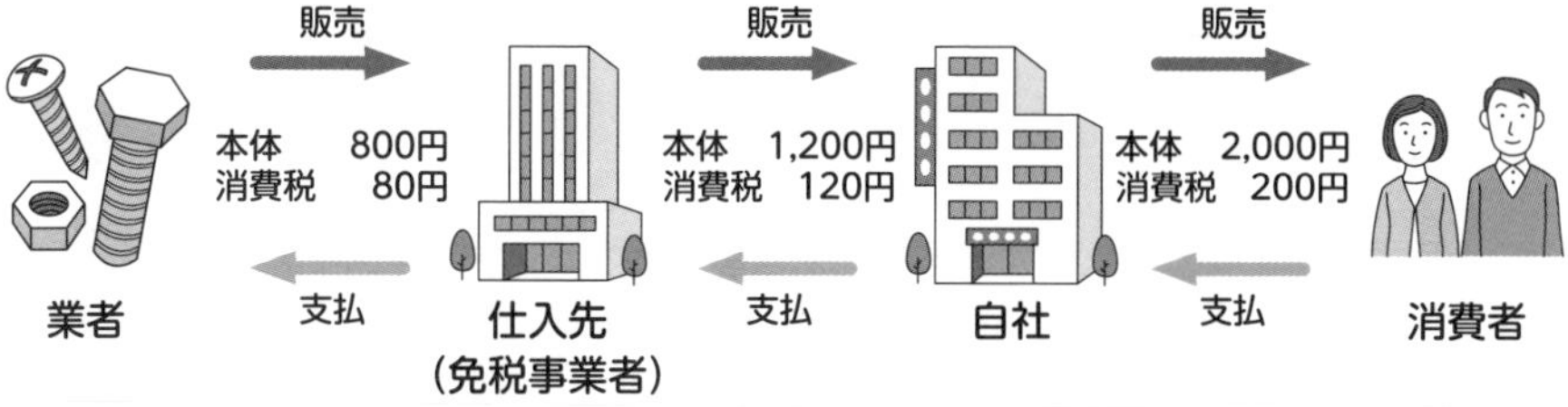

自社

インボイス制度開始前	
売上税額	200円
仕入税額	120円
納付税額	80円

➡

インボイス制度開始後	
売上税額	200円
仕入税額	0円※
納付税額	200円

仕入税額控除ができないため、納付税額が120円増えることになる

※仕入税額控除ができないため0円

仕入先（免税事業者）

売上税額	120円
仕入税額	80円
納付税額	40円

益税相当分だけ値下げ交渉可

120円納税額が増えた分を仕入先へ値下げ交渉するんですね

そうですね。ただし、値下げ幅が仕入先の益税部分までに留まる可能性もあり自社の税額負担は結局増える可能性があります

はみ出しメモ　優越的地位にあるとは、取引相手から著しく不利益な要請が行われても、取引の継続が困難になると事業経営上大きな支障をきたすため、これを受け入れざるを得ないような場合をいう。

05

フリーランスだけじゃなく、飲食店や塗装業まで？

インボイス制度の影響が大きくなりそうな業種

取引相手で変わる影響

まず影響があるのは、小規模な免税事業者が多い業種でしょう。

フリーランスのデザイナーやプログラマー、文房具店や飲食店などの店舗の営業者、個人のタクシー事業者などが該当します。

そして、建設業でも塗装業や左官業など、「一人親方」の個人事業者が多くなります。こうした下請業者が免税事業者に留まった場合は、発注元で仕入税額控除ができなくなるうえに、取引先の収益力を考えると値下げも困難になることが考えられます。また、人手不足で代わりの業者が見つからない場合や、下請業者が特殊な技能を有する場合などでは、下請業者の立場のほうが強くなることもあります。そのような場合は、買い手の負担が多くなることが避けられません。

不動産業は板挟み

賃貸取引の仲介を行う不動産業者の場合は板挟みになる可能性があります。貸主側が個人オーナーの場合には免税事業者、借主側が企業である場合には課税事業者であることが考えられるからです。

この場合、借主側の企業はインボイス交付を求めてくると考えられますが、物件を移ることは容易でないため、貸主側にも交渉力が生じることが考えられます。そのため、インボイス交付か値下げを要求する借主と、それらに応じたくない貸主との両者のあいだで、不動産業者が板挟みになる可能性もあります。

インボイス制度が開始されると、売り手、買い手の双方に問題が生じる可能性があります

インボイス制度開始で影響が大きくなりそうな業種

取引の相手が課税事業者となりそうな免税事業者

取引先からインボイスの
交付ができるか
確認された……
接待で利用された際に
領収書に登録番号を
記載するように
求められた……
会社員の客に
インボイスの交付を
求められた……
フリーランス
飲食店
文房具店

仕入先に免税事業者の多い課税事業者

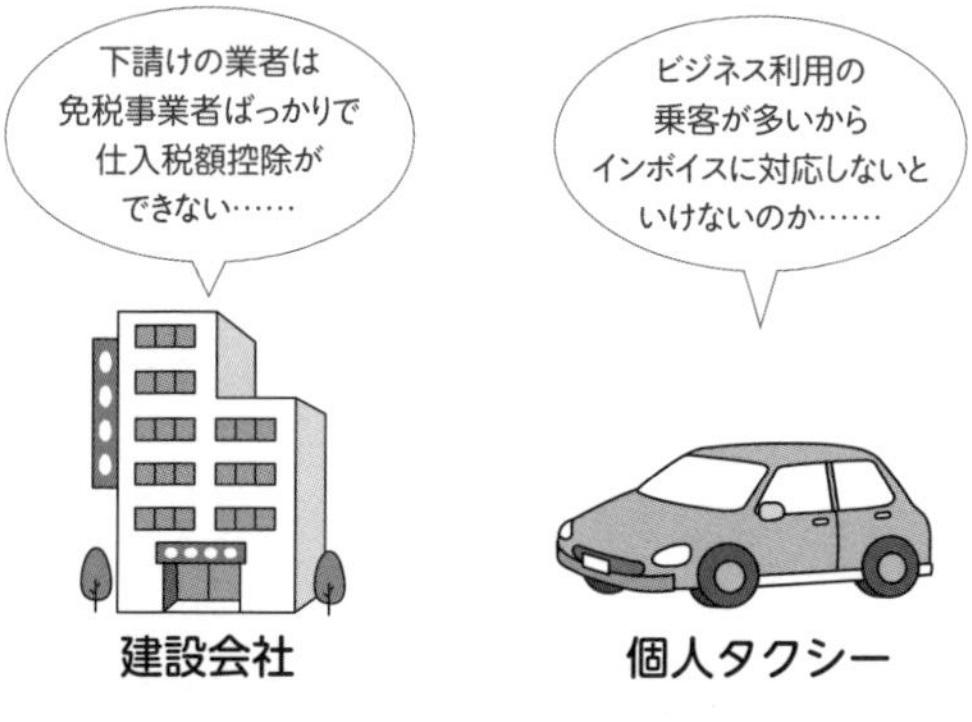
下請けの業者は
免税事業者ばっかりで
仕入税額控除が
できない……
ビジネス利用の
乗客が多いから
インボイスに対応しないと
いけないのか……
建設会社
個人タクシー

免税事業者と課税事業者の板挟みになる不動産業

課税事業者になると
事務負担も増えるから
嫌だ!
どうすれば……
インボイスの交付が
できないなら
値下げをしてほしい!
貸主(大家)
不動産業者
借主(企業)

はみ出しメモ 個人事業者であるセミナー講師の場合には、企業でセミナーや研修を行った場合にインボイスの交付を請求される可能性がある。

ちょっとひと息

COLUMN

会計システムはコストで選ぼう！

クラウド型会計システムは、従来のインストール型の会計システムのように、パソコンにソフトウェアをダウンロードする必要がありません。インターネット上に存在する会計システムを使用するために、複数のパソコン、タブレット、スマートフォンなどから操作できるなど最近のビジネススタイルにも合致しています。

ほかにも、ネットバンキングやクレジットカード、電子マネーなどと連携して明細を自動的に仕訳処理してくれ、自分で入力する手間を省くことができるなど、事務負担の点からもメリットがたくさんあります。

クラウド型会計システムは「freee会計」「Money Forwardクラウド」「弥生会計」をはじめ、その種類も豊富で、利用者の状況にあわせたプランも充実しています。

そのため、どれを選ぶべきか迷う人が多くなっているのも事実です。選択するときには、操作性や見やすさなど、システムとの相性を重視するのが一番いいでしょう。会計システムの種類は各社の機能に大きな差がありません。

契約するプランは、選択できる機能が多ければ多いほど、利便性は高まりますが、最終的な決断はコストで判断するのがオススメです。

例えば、税理士などにアドバイスをもらえるのであれば、ミニマムのプランを選べば十分。一方で、自ら日々の会計処理や税務申告までを行う場合は、少し高めのプランの選択を検討するといいでしょう。

第2章

知っておきたい！消費税の基礎知識

インボイス制度は消費税の「仕入税額控除」に大きく影響します。そもそも消費税はどのように納税されるのか、税額の計算はどのように行われているのか、そのしくみを知ることでインボイスへの理解も深まります。

01

消費税は誰が納めているの？

消費税は負担者と納税者が違う間接税

直接税と間接税の違い

税金は国や地方公共団体などに納めますが、**その納め方により「直接税」と「間接税」に分けられます。**

直接税は、担税者（税金を負担する人）が納税義務者（税金を納める人）となって、税を国などに直接納める税金です。すなわち、担税者と納税義務者が一致します。法人税や所得税が直接税に分類されます。

一方、間接税は、担税者が直接国に税金を納めずに、事業者などの納税義務者を通じて間接的に国に納める税金です。すなわち、担税者は企業などの納税義務者に税金を支払い、担税者から税金を預かった納税義務者が国などに税金を納めます。

このため、担税者と納税義務者は一致しません。**消費税は、酒税などと同じ間接税に分類されます。**

消費税は分担して納付する

同じ間接税でも酒税は「酒類」に対して課税されるため、「酒類」の製造業者から出荷される時点で課税されるだけです。

一方、**消費税は「消費」に対して課税されるため、取引が行われるたびに課税されることとなります。**

例えば、ビールが「原材料生産者→ビール製造業者→卸売業者→小売業者→消費者」の取引を経る場合、両税とも担税者は消費者となります。

ここで、酒税については「ビール製造業者→卸売業者」の段階でのみ課税され、ビール製造業者が納税義務者となります。

一方、消費税については、この取引（「→」部分）のすべてにおいて、売上額に対して課税されます。この課税方式を「多段階課税方式」といい、各取引段階の売り手となった事業者が納税義務者となって分担して税を納めることとなります。

多段階課税方式のもとで、二重課税を回避するために、仕入税額控除が認められることとなっています。

直接税と間接税の違い

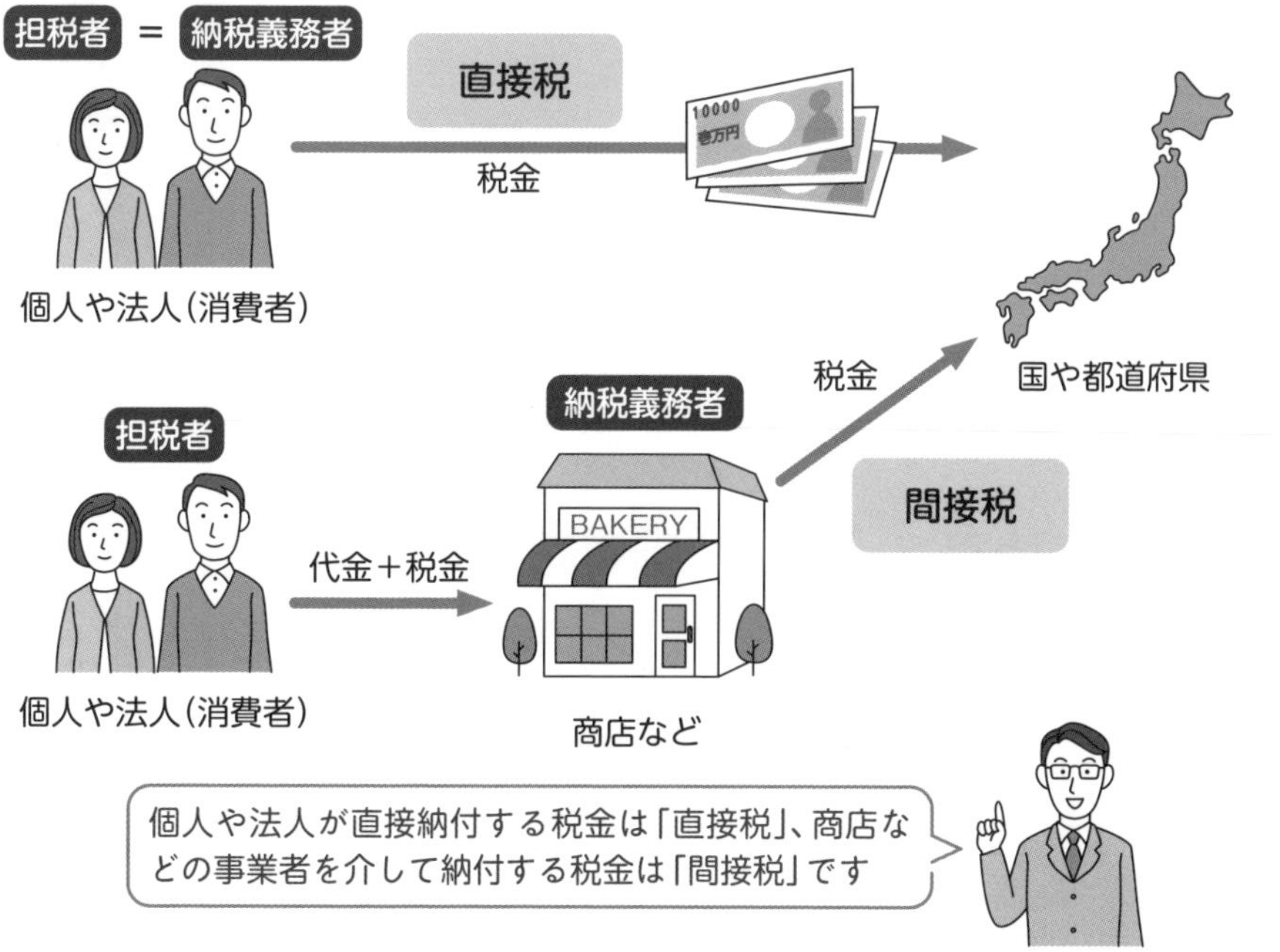

消費税が納税されるしくみ

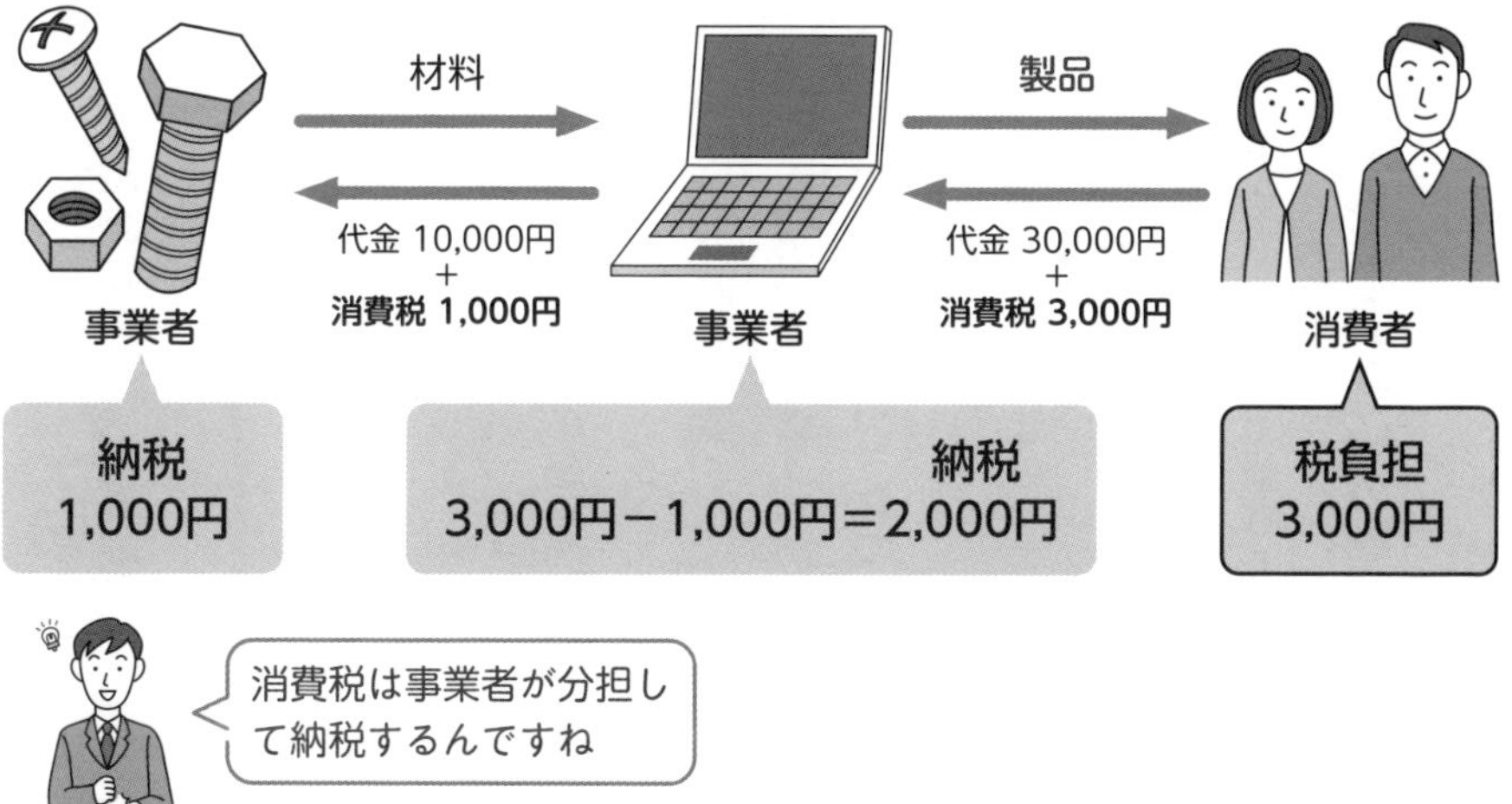

はみ出しメモ

事業者が消費者に対して価格を表示する場合には、原則として消費税額を含めた税込価格を表示することとなっている（総額表示義務）。

02

消費税はすべての取引に課されるの？

消費税が課されるのは4つの要件を満たす取引

課税対象となる4つの要件

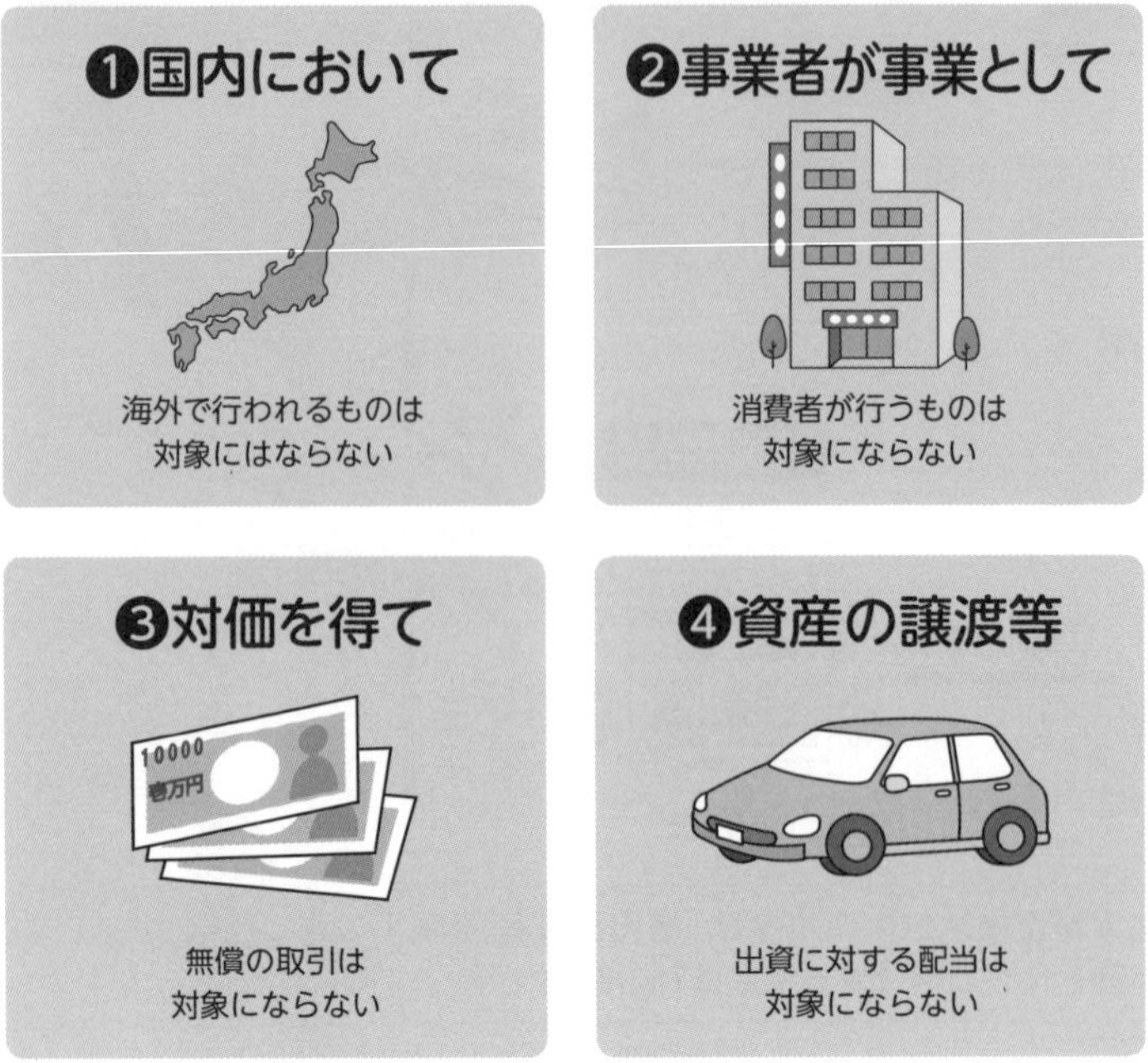
❶国内において
海外で行われるものは
対象にはならない
❷事業者が事業として
消費者が行うものは
対象にならない
❸対価を得て
10000
壱万円
無償の取引は
対象にならない
❹資産の譲渡等
出資に対する配当は
対象にならない

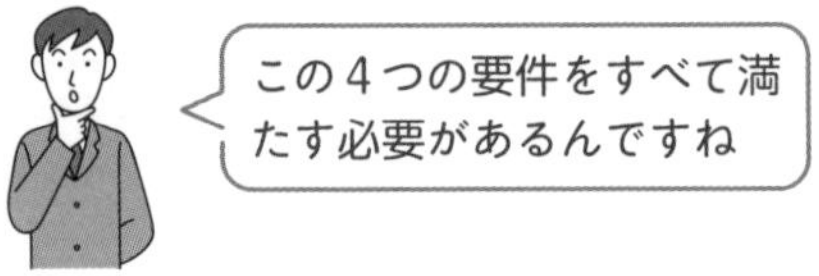
この4つの要件をすべて満たす必要があるんですね

課税対象の4つの要件

消費税は、モノやサービスの購入、モノの貸付等の経済的な取引に対して課されます。ただし、これらのすべての取引に課されるのではなく、**上図の❶～❹の4つの要件を満たす「課税対象取引」についてのみ課されます。**

すなわち、この4つの要件のうちのひとつでも該当しない事項がある取引については、「不課税取引」として、消費税は課税されません。

「事業として」の意味

4つの要件とは、具体的に、どの

消費税での取引判定の流れ

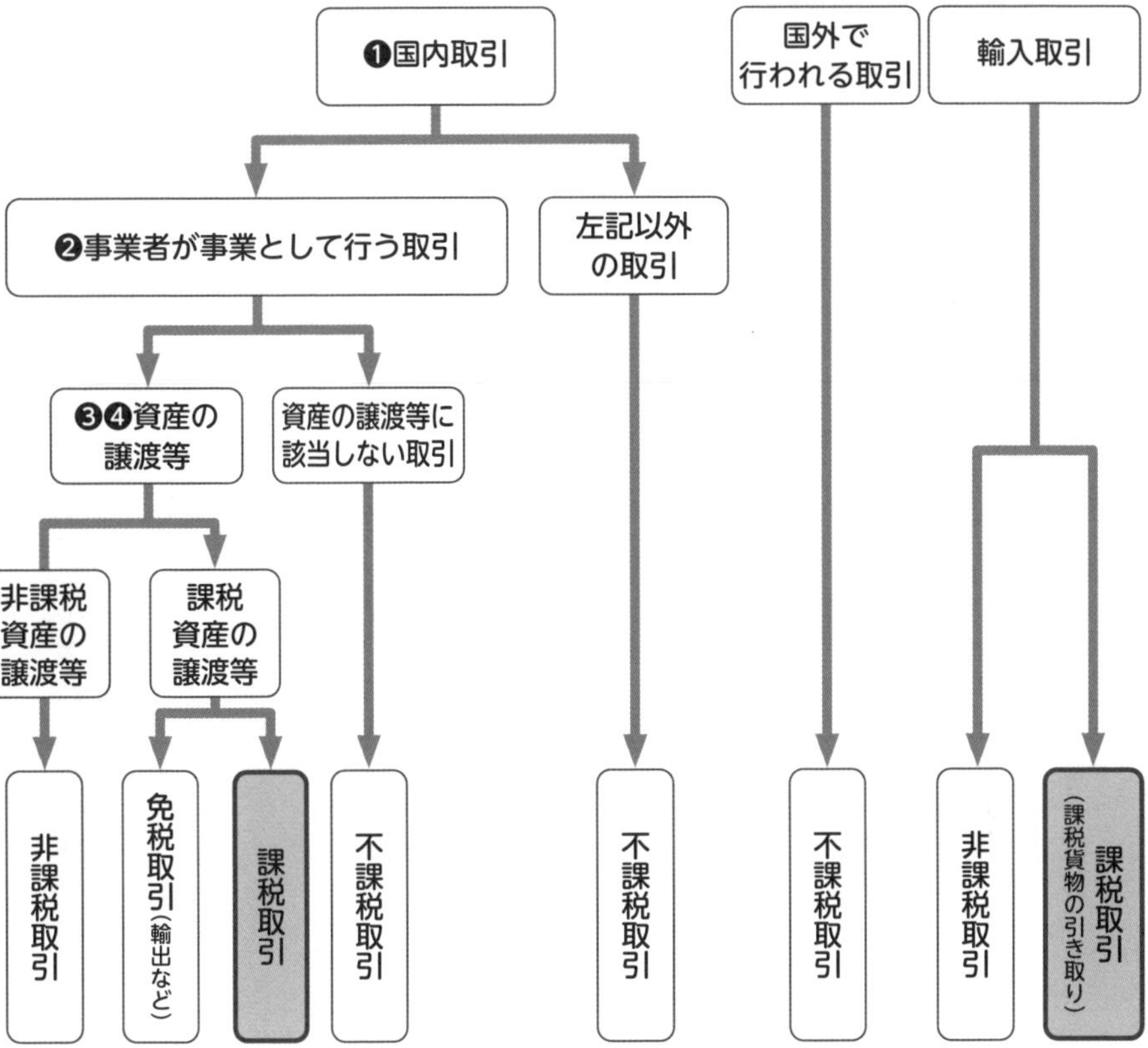

ようなものでしょうか。例えば、最もイメージがつかみづらい「❷事業者が事業として」の要件については、**「事業として」とは、「反復、継続、かつ、独立して行う」ことを意味します。**このため、中古車業を営む個人事業者が反復・継続して中古車を販売する場合は、事業に該当しますが、**個人が自家用車を売却する場合は事業には該当せず、不課税取引となります。**

もちろん、中古車業を営む人が、自家用車を友人に売却する場合も、「事業」とはならず、不課税取引となります。

このほかの要件については、❶は海外における消費が、❸は無償での寄付や贈与が、❹は出資に対する配当などが、不課税取引となります。

はみ出しメモ 税理士などの報酬の支払で源泉徴収する所得税などは、報酬額と消費税額が区分されている場合には報酬額に対する額を計算する。

03

4つの要件を満たしても消費税が課税されない？

非課税取引と免税取引は消費税が課されない

土地の売買は非課税

前項の４つの要件に該当する課税対象取引であっても、実際には**消費税が課税されない取引が２種類あります**。

そのひとつが、「**非課税取引**」です。これは、次の２つの理由によります。

❶「消費」に当たらない
❷社会政策的に配慮すべき

例えば、不動産に係る取引のうちでも、「土地」の売買が❶に該当します。**使用にともなって劣化することがないため、「消費」されないからです**。

一方で、建物の賃貸は「使用によって建物が傷む」ため「消費」されることとなり、❶には該当しません。そのため、賃貸料には消費税が課されます。

しかしながら、同じ建物の賃貸でも、「住宅」についてはその賃貸料は❷に該当するとして、非課税取引となります。これは、「**生活にとって必要不可欠である**」との配慮からです。

輸出取引は免税となる

消費税が課税されないもうひとつの取引が「免税取引」です。これは、「課税資産の譲渡等」に該当するものについて、消費税が免除されるものです。

例えば、商品の輸出取引が挙げられます。この場合は、販売は国内で行われるものの、消費は「国外」で行われることや、商品の国際競争力を維持することから、消費税が免除されます。

すなわち、消費税の納税額を算定する対象となる売上や仕入の取引は、消費税が課される「課税取引」のみとなります。

なお、非課税取引、免税取引は消費税が課税されないという点では同じですが「課税売上割合」の算定に必要となるため、それぞれの区別が必要です。

消費税のかかる取引、かからない取引の例

消費税のかかるもの	消費税のかからないもの
建物の売買	土地の売買
住宅用賃貸マンションの「管理手数料」	住宅用賃貸マンションの「家賃」
貸付金・借入金の事務手数料	貸付金・借入金の利息
預金の振込手数料	預金の利息
国内旅行	国外旅行
税理士・司法書士などの報酬	印鑑証明書などの行政手数料
生命保険・損害保険の代理店報酬	生命保険・損害保険の保険料

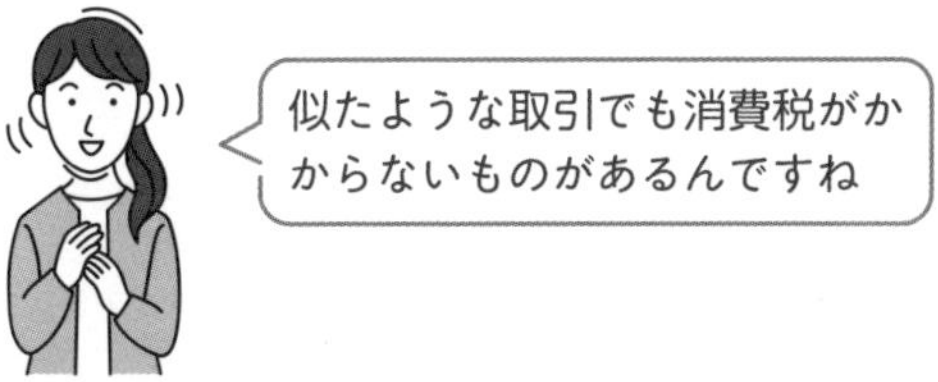

似たような取引でも消費税がかからないものがあるんですね

課税売上割合の計算方法

$$課税売上割合 = \frac{課税売上（税抜）＋免税売上}{課税売上（税抜）＋免税売上＋非課税売上}$$

はみ出しメモ　土地の貸付も消費税は非課税であるが、貸付期間が1か月に満たない場合や駐車場として土地が使用される場合などは非課税にはならない。

04

売上と仕入の対応って何?

仕入税額は売上と対応しないと控除できない

売上で仕入税額控除が変わる

消費税の納税義務者となる各取引段階の売り手側の事業者は、売上時に上乗せして受け取った売上税額から、仕入時に上乗せされた仕入税額を控除した額を納税することとなります（P10、P22）。

このため、この仕入税額控除は、課税される売上に対応する仕入についてのみ認められることとなります。

例えば、同じ原材料の仕入でも、**課税売上となる通常の自家用車製造のために仕入れた、原材料にかかる仕入税額は控除できますが、非課税売上となる福祉用自動車製造のために仕入れた、原材料にかかる仕入税額は控除できません。**

なお、免税取引となる輸出用の自家用車を製造するために行った仕入は、原則として仕入税額控除が認められます。輸出による売上は本来は課税対象となる「国内における課税資産の譲渡等」に該当するためです。

非課税の仕入などの場合

仕入税額控除の計算においては、**仕入そのものが「不課税取引」や「非課税取引」である場合は、消費税の支払をしていないため控除することはできません。**当然、課税売上に対応していても、控除できません。

例えば、課税売上となる「自家用車」の製造のため、従業員に給与を支払ったとしても、給与は不課税取引であることから、仕入税額控除の対象にはなりません。

一方で、原材料の購入や外注費などの支払は、課税取引であるため、仕入税額控除の対象として控除することができます。

仕入税額控除の対象となる仕入は、消費税を払っている必要があるので課税仕入のみが対象になります

売上の種類と仕入税額控除

課税売上
製造した自家用車を国内で販売

免税売上
製造した自家用車を輸出販売

非課税売上
製造した福祉用自動車を国内で販売

課税仕入
材料の購入

仕入税額控除OK（課税売上・免税売上に対応する部分）

仕入税額控除NG（非課税売上に対応する部分）

自家用車に使った材料の仕入税額は控除できるけど、福祉用自動車に使った材料の仕入税額は控除できないんですね

仕入の種類と仕入税額控除

課税売上
製造した自家用車を国内で販売

課税仕入
材料の購入

仕入税額控除OK

非課税仕入
従業員への給料

仕入税額控除NG

はみ出しメモ
消費税が非課税となる福祉用自動車は、車いすなどの昇降装置があり、かつ、車いすなどを固定するための装置を備えた自動車であることなどの条件がある。

計算方法は原則課税方式と簡易課税方式がある

控除できる仕入税額の計算には、簡易的な方法がある？

原則課税方式のしくみと計算の構造

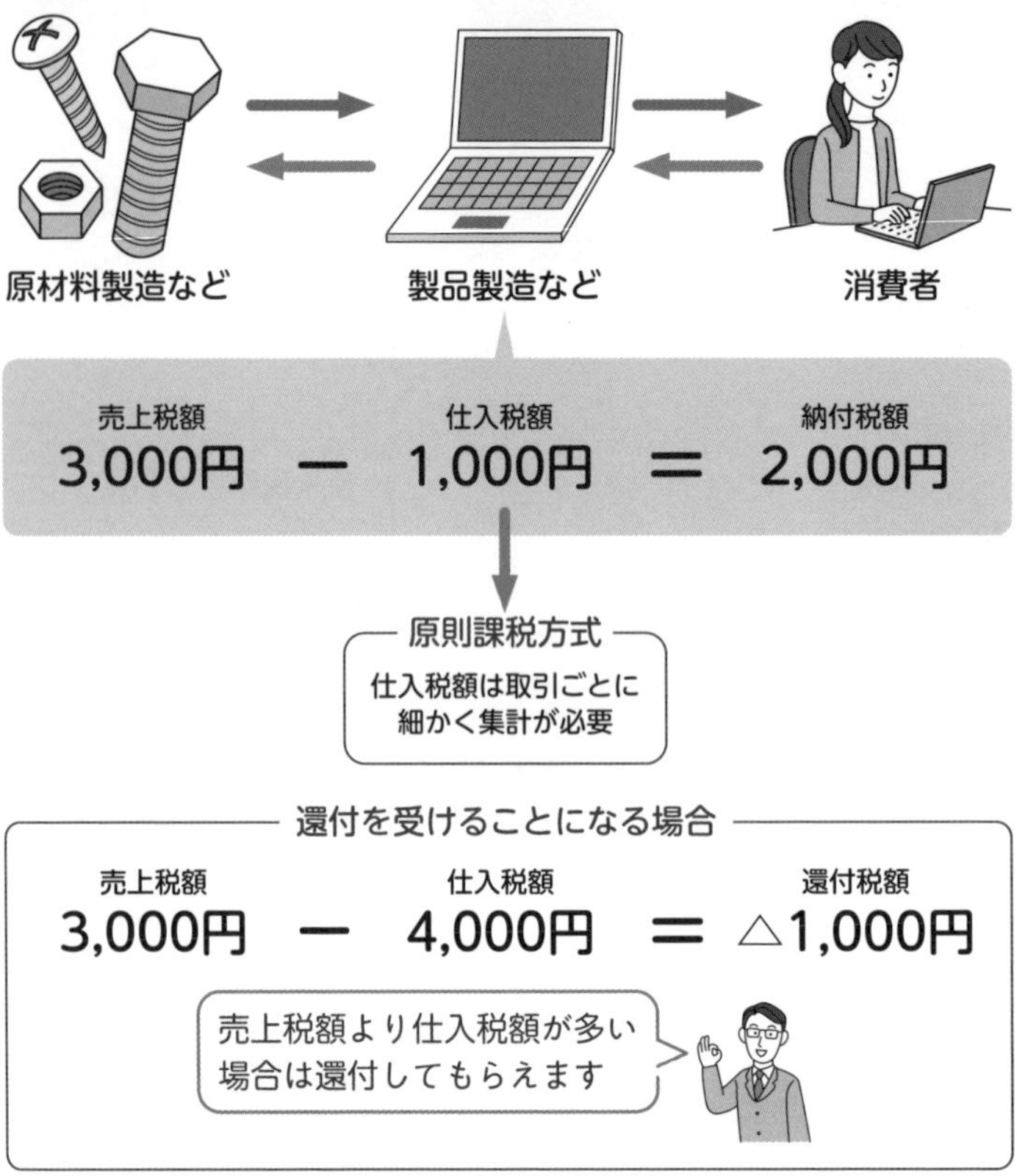

原則課税方式での計算

仕入税額控除に際しては、**どの課税仕入が課税売上に対応しているのか把握する必要があります。**

けれども、取引をひとつずつ確認するのでは、事務手続きが大変なものとなってしまいます。このため、対応する仕入を個別に選び出すのではなく、まず仕入にかかる税額を合計して、これに売上全体に占める課税売上の割合である「課税売上割合（P27）」を乗じて算定した額を、控除する仕入税額とする方法も認められています。

前者の算定方法を個別対応方式、

簡易課税方式で計算するための要件

簡易課税方式の適用要件

- **課税売上高が5千万円以下であること**
  （簡易課税により計算しようとする課税期間の基準期間における課税売上高）
- **「消費税簡易課税制度選択届出書」を所轄税務署長に提出すること**

簡易課税方式の計算のしくみ

売上税額 － 仕入税額 ＝ 納付税額

↓

簡易課税方式

売上税額 × みなし仕入率 ＝ 仕入税額

後者の算定方法を一括比例配分方式といいます。なお、**課税売上割合が95%以上（かつ、課税売上高が5億円以下）のときは、合計した仕入税額の全額の控除が認められます。**

簡易課税方式での計算

小規模な事業者においては、**仕入税額の集計自体を省いた、簡易課税方式の選択も認められています。**

この場合は売上にかかる消費税額に、業種別に定められた一定の割合である「みなし仕入率（P65）」を乗じて算定した額を、控除する仕入税額とします。なお、この簡易な算定方式を選択できるのは、小規模な事業者に限られます。このため、免税事業者によるインボイス制度への対応として、有力な選択肢になると考えられます。

はみ出しメモ　課税売上高が1千万円以下でなければ免税事業者となれないため、免税事業者が課税事業者となることを選択した場合には通常は簡易課税方式を選択することもできる。

06

消費税の税率は何％なの？

複数の税率が混在する消費税

標準税率と軽減税率

消費税の税率は、２０１９年10月1日に、それまでの8％から10％に引き上げられました。また、消費税の10％への税率引き上げにともない、「酒類・外食を除く飲食料品」と「定期購読契約が締結された週2回以上発行される新聞」を対象に、消費税の軽減税率制度が実施されています。

これは、「消費税率10％への引き上げ後も、日々の生活において、幅広い消費者が購入している飲食料品（お酒・外食を除く）等に係る消費税率を8％とすることにより、家計への影響を緩和する」（財務省「消費税率引上げについて」より）ことを趣旨としています。通常の**10％の税率は「標準税率」、8％の税率を「軽減税率」と呼びます。**

この軽減税率制度の実施にともない、事業者は、消費税等の申告等を行うために、取引等を税率ごとに区分して記帳する「区分経理」が求められています。

国税と地方税に分かれる

消費税は、**国に対して納税する「消費税」と都道府県に対して納税する「地方消費税」から構成されています。**

地方消費税については、国に対して納税する消費税に78分の22を乗じて計算を行います。

国に納税する消費税は、標準税率については7・8％、軽減税率は6・24％です。一方、地方消費税は標準税率2・2％、軽減税率は1・76％となっています。

なお、引き上げ前の消費税率は現在の軽減税率と同じ8％ですが、国税部分の消費税率は6・3％、地方消費税率は1・7％と、税率の割合が異なっています。

消費税は国と都道府県に納める

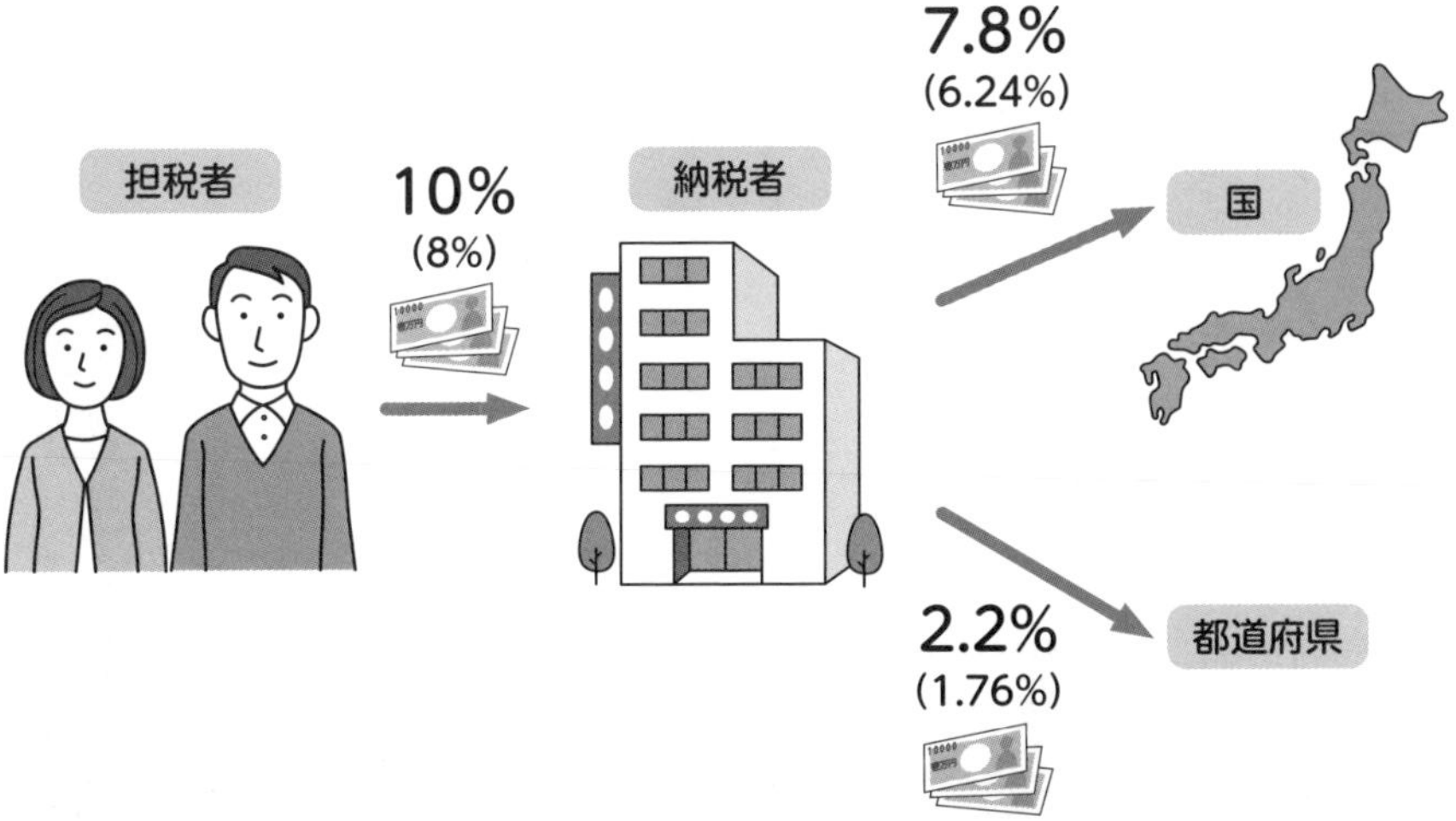
担税者
10%
(8%)
納税者
7.8%
(6.24%)
国
2.2%
(1.76%)
都道府県

消費税の区分と適用税率の一覧

適用時期／区分	2019年10月1日から		2019年9月30日まで
	標準税率	軽減税率	
消費税率	7.8%	6.24%	6.3%
地方消費税率	2.2%※	1.76%※	1.7%
合計	10%	8%	8%

※消費税の78分の22の率になっている。

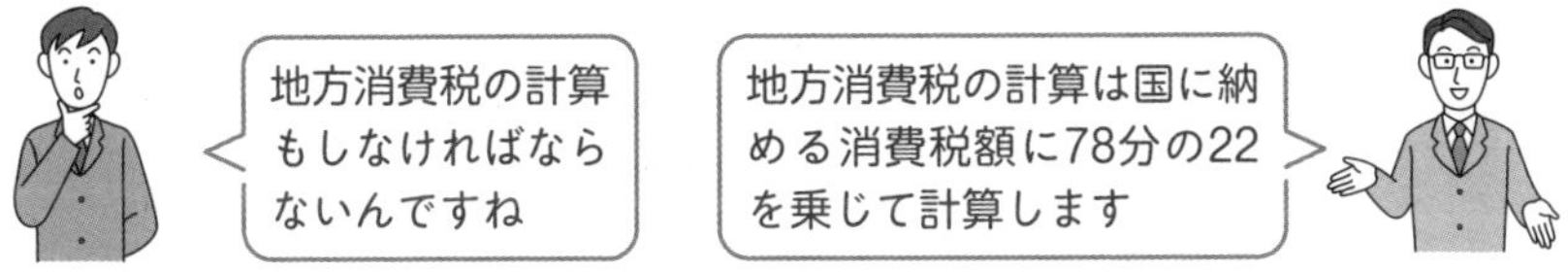
地方消費税の計算もしなければならないんですね
地方消費税の計算は国に納める消費税額に78分の22を乗じて計算します

用語

区分経理…日々の経理において税率を区分して経理処理をすること。軽減税率の制度導入により軽減税率と標準税率を区分して税額計算を行うため、必要となった処理。

07

消費税の納税が必要かどうかはどうやって決まる?

納税義務の判定に用いる基準期間の考え方

納税義務の判定

消費税法では、**個人または法人の事業者において「課税期間の基準期間における課税売上高が1千万円以下」などの要件を満たす場合には、納税事務負担などに配慮して納税義務を免除しています。**

この判定を行う「基準期間」とは、個人事業者の場合は課税期間が1月1日~12月31日（暦年）となるため、前々年の1月1日~12月31日となります。法人の場合は、定款などで定めた会計期間である事業年度を基礎に、前々事業年度が基準期間となります。

また、この基準期間における課税売上高が1千万円以下であっても、課税事業者となる場合があります。「特定期間における課税売上高が1千万円を超えた場合」です。

特定期間とは、個人事業者の場合は、その年の前年の1月1日から6月30日までの期間をいい、法人の場合は、原則として、その事業年度の前事業年度開始の日以後6か月の期間をいいます。特定期間での判定は、期中に個人が法人成り（株式会社や合同会社を設立し、それまでは個人で行っていた事業を引き継ぐこと）することで、法人としての基準期間をなくし免税事業者となることを阻止するため、２０１１年の消費税法改正により導入された判定です。

納税義務が免除されない場合

基準期間及び、特定期間にかかる免税要件を満たしている場合であっても、納税義務が免除されない場合があります。

例えば、課税売上高が1千万円を超える被相続人の事業の承継、事業年度開始の日における資本金の額または出資の金額が1千万円以上である新規設立法人の場合が該当します。

そのほかにも、会社の合併や分割に係る場合などもあり、該当する法人については注意が必要です。

納税義務の判定に用いる基準期間の考え方

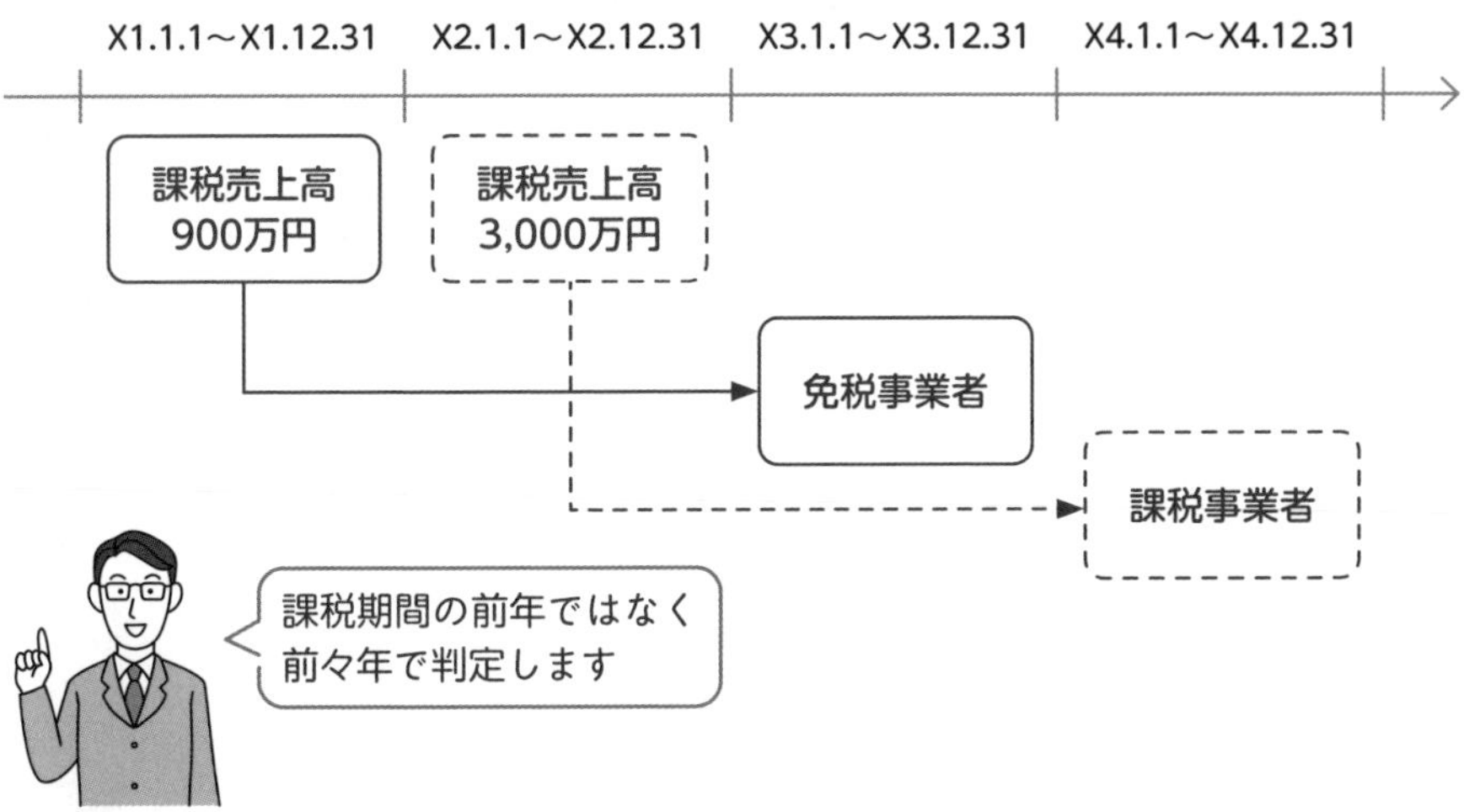

特定期間は課税期間の前年の課税売上高で判定する

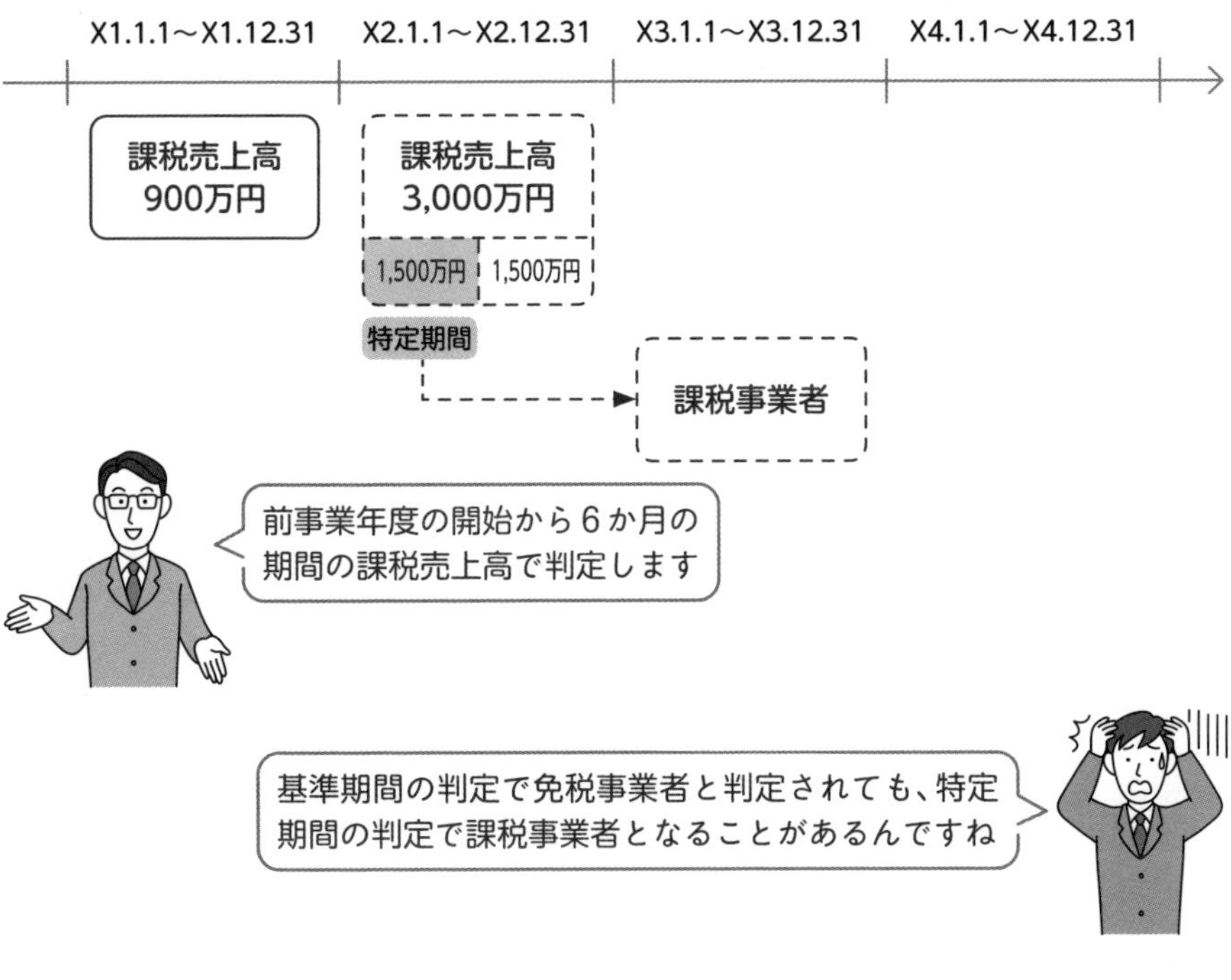

用語 **分割**…会社分割のこと。会社の事業の一部またはすべてを他の会社に譲り渡す取引。「吸収分割」と「新設分割」の２つがある。

08

新しく事業を開始したばかりのときはどうするの？

基準期間がない場合や1年未満の場合の対応

基準期間がない場合

新たに開業した個人事業者や、新たに設立された法人は基準期間がなく、原則として納税義務が免除されます。ただし、法人において、前々事業年度が1年未満の場合は、「事業年度開始の日の2年前の日の前日から同日以後1年を経過する日までの間に開始した各事業年度を合わせた期間」が基準期間とされています。

もちろん、基準期間がなくても資本金1千万円以上の新設法人は免税事業者にはなりません。

なお、個人事業者は、基準期間の調整はありません。

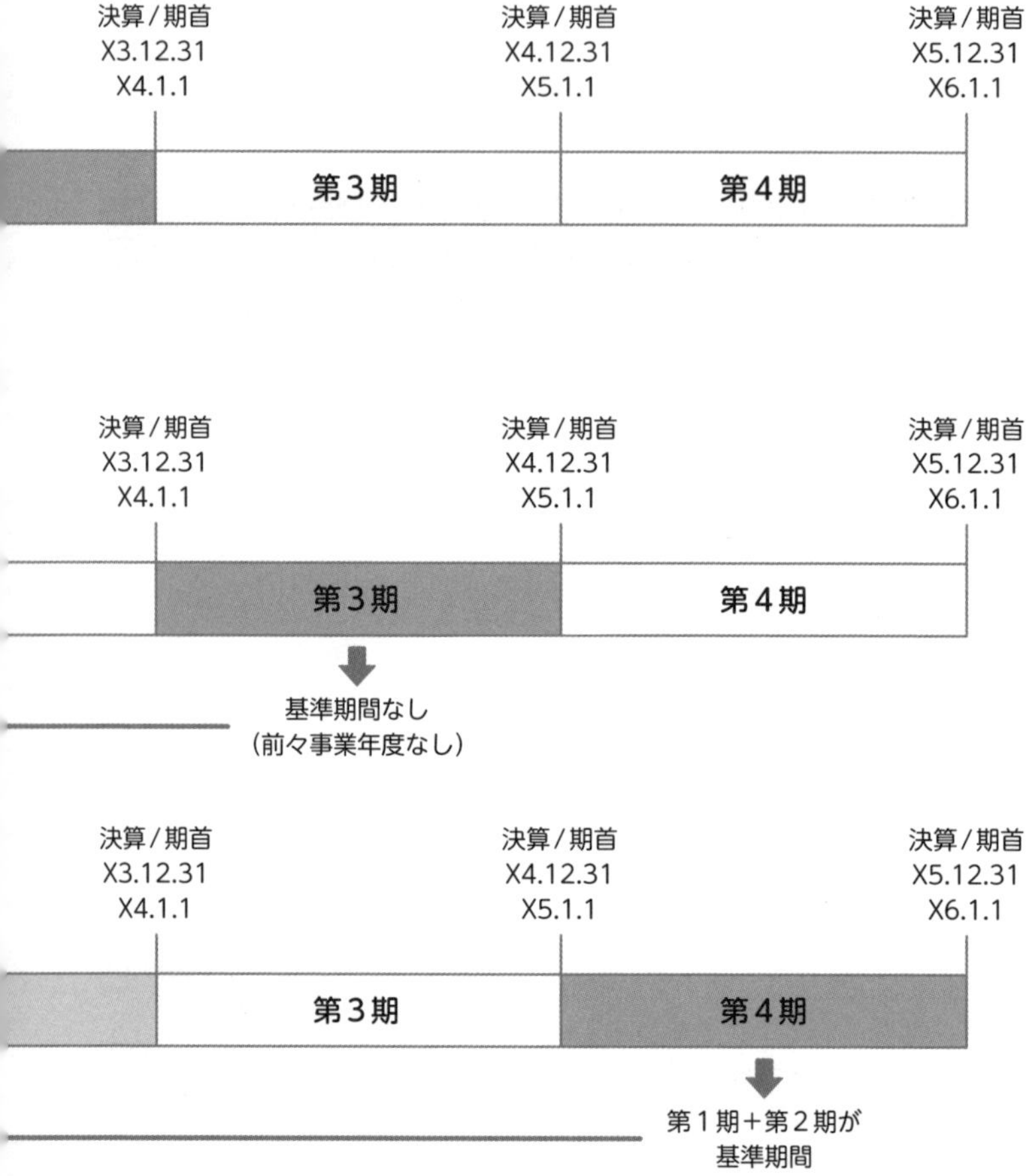

基準期間が1年未満の法人の場合の実例

X３年１月１日に株式会社を設立し（設立時は４月決算）、第２期の８月に決算を12月に変更した場合。第１期および第２期はそもそも前々事業年度が存在しないことから、基準期間はなしとなります。→［図1］

第３期については、前々事業年度（第１期）が１年未満のため、２年前のX２年１月１日から始まる１年間が基準期間となるべき期間となります。しかし、この期間は開業前となるため、基準期間はなしとなります。→［図2］

第４期についても、前々事業年度（第２期）が１年未満のため、２年前のX３年１月１日から始まる１年間に開始した事業年度が基準期間となるべき期間となります。このため、第１期および第２期が基準期間となります。→［図3］

［図1］　第１期・第２期の判定

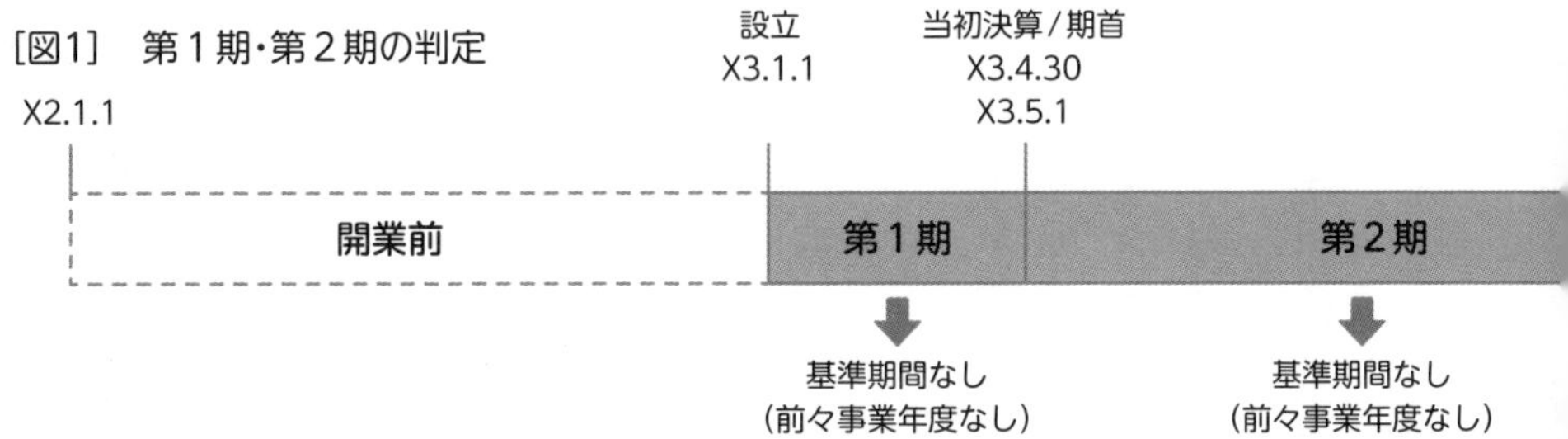

［図2］　第３期の判定

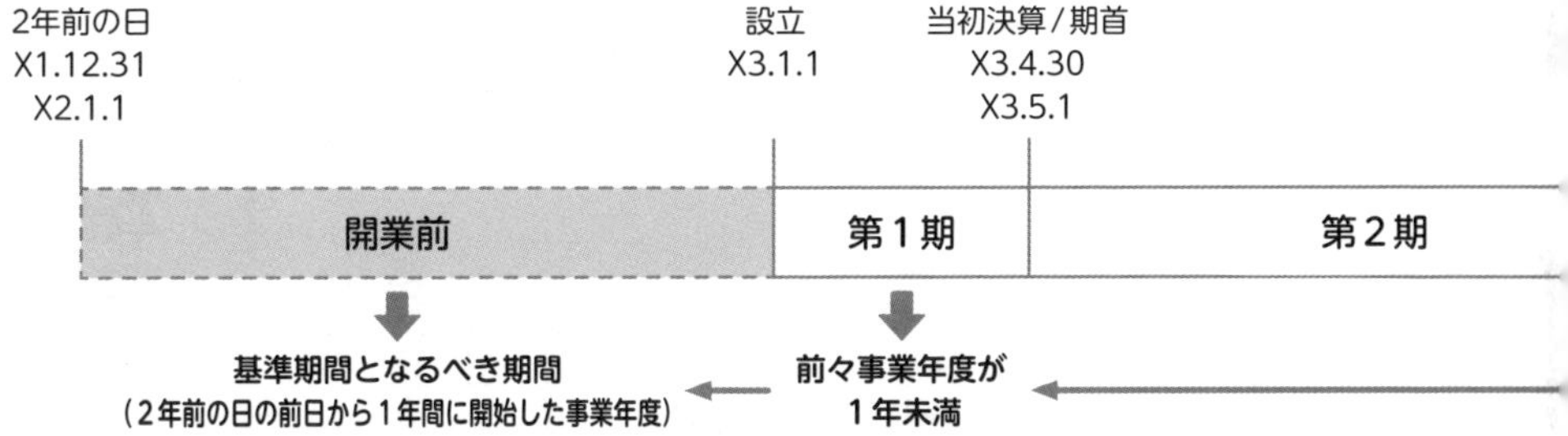

［図3］　第４期の判定

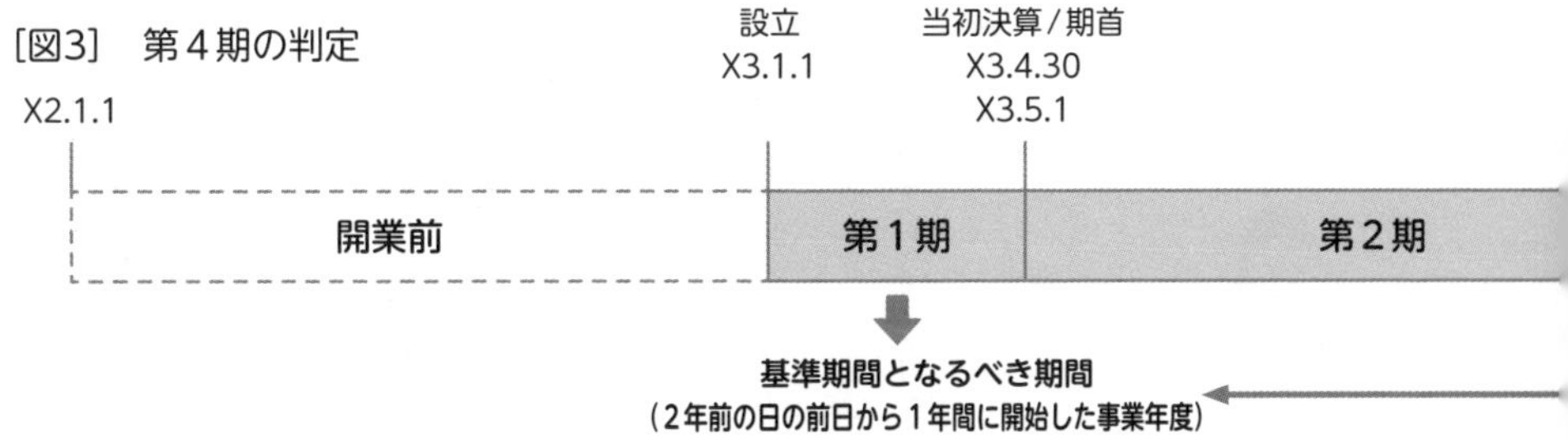

はみ出しメモ　基準期間が1年未満の場合の納税義務の判定においては、課税売上高を1年に相当する金額に計算しなおしたうえで1千万円以下かどうかの判定を行う。

09

基準期間などの要件でしか課税事業者にはなれないの？

免税事業者も届出書の提出で課税事業者となれる

課税事業者選択届出書の提出

免税事業者であっても、「消費税課税事業者選択届出書」を提出することで課税事業者となることができます。高額な資産を購入する予定があり、仕入税額控除の金額が増えるため消費税の還付を受けたい場合などに見られます。

課税事業者選択届出書は、**届出の適用を受けようとする「課税期間の初日の前日（事業年度の最終日）」までに納税地の所轄税務署長に提出することが必要です**。届出書の提出をした場合には、翌課税期間から課税事業者となります。

また、課税期間の途中から課税事業者になることはできませんが、「消費税課税期間特例選択・変更届出書」の提出により課税期間を3か月や1か月ごとに短縮することで、課税期間の途中から課税事業者となるのと同じ効果を得ることもできます。

なお、この届出書の提出期限についてはインボイス制度において経過措置が設けられています（P80）。インボイス発行のために、課税事業者となる場合には、経過措置の期間もあわせて確認が必要です。

免税事業者に戻る場合

課税事業者選択届出書の提出により課税事業者となった場合には、**「消費税課税事業者選択不適用届出書」を提出して免税事業者に戻ることも可能です**。この場合も、免税事業者に戻ろうとする課税期間の初日の前日までに届出書の提出が必要です。

ただし、課税事業者選択届出書を提出した場合には、原則として2年間は免税事業者に戻ることができない点には注意が必要です。

課税事業者から免税事業者に自由に戻れるわけではないんですね

課税事業者選択届出書の提出期限

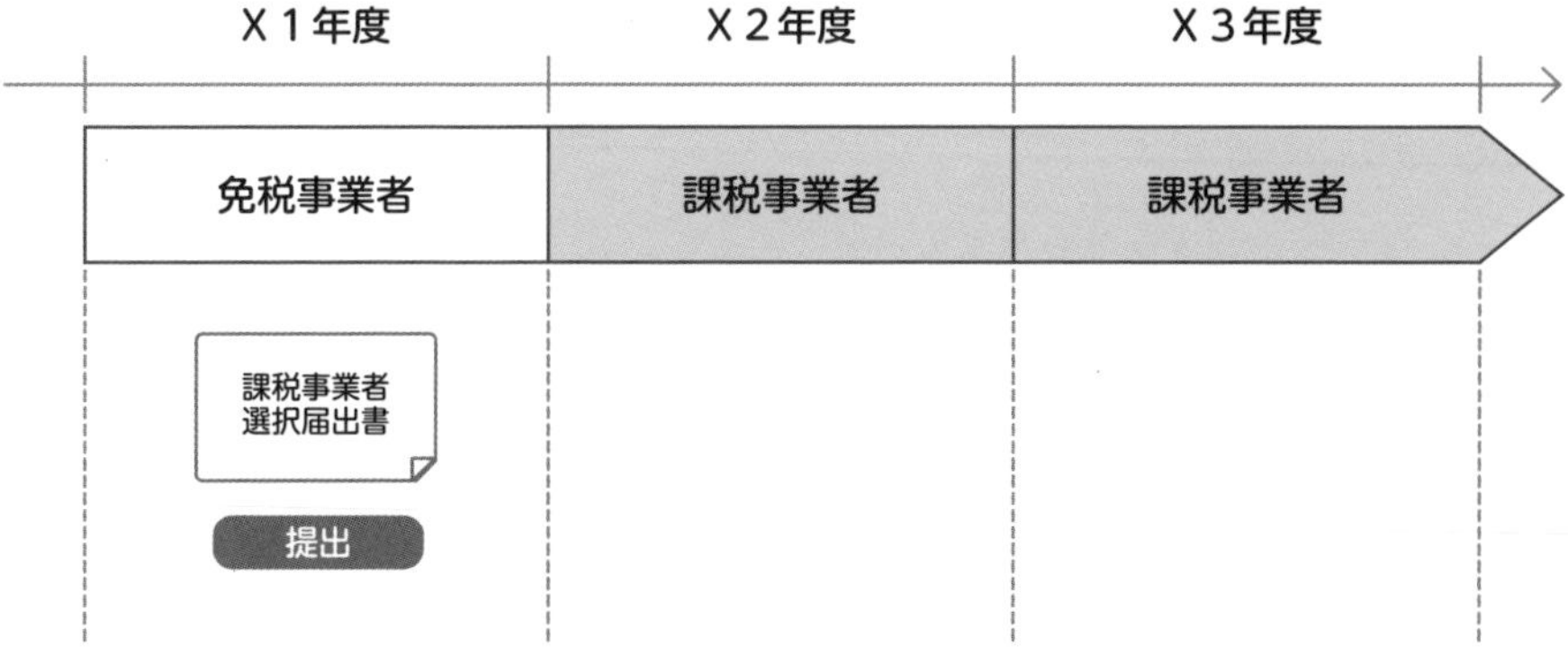

※インボイス制度では課税事業者選択届出書の提出期限の特例がある（P80）。

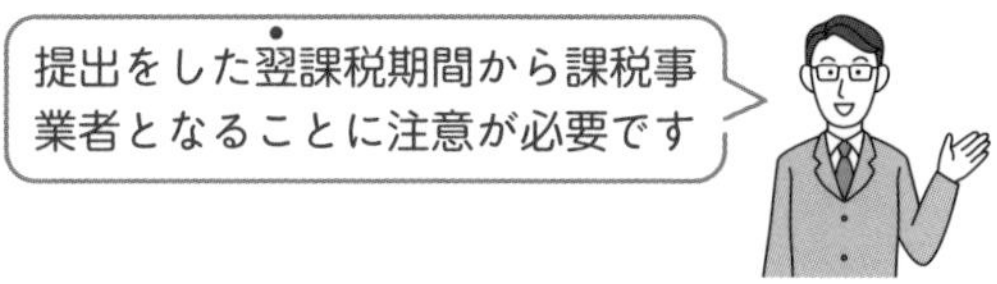

課税事業者選択不適用届出書の提出には制限がある

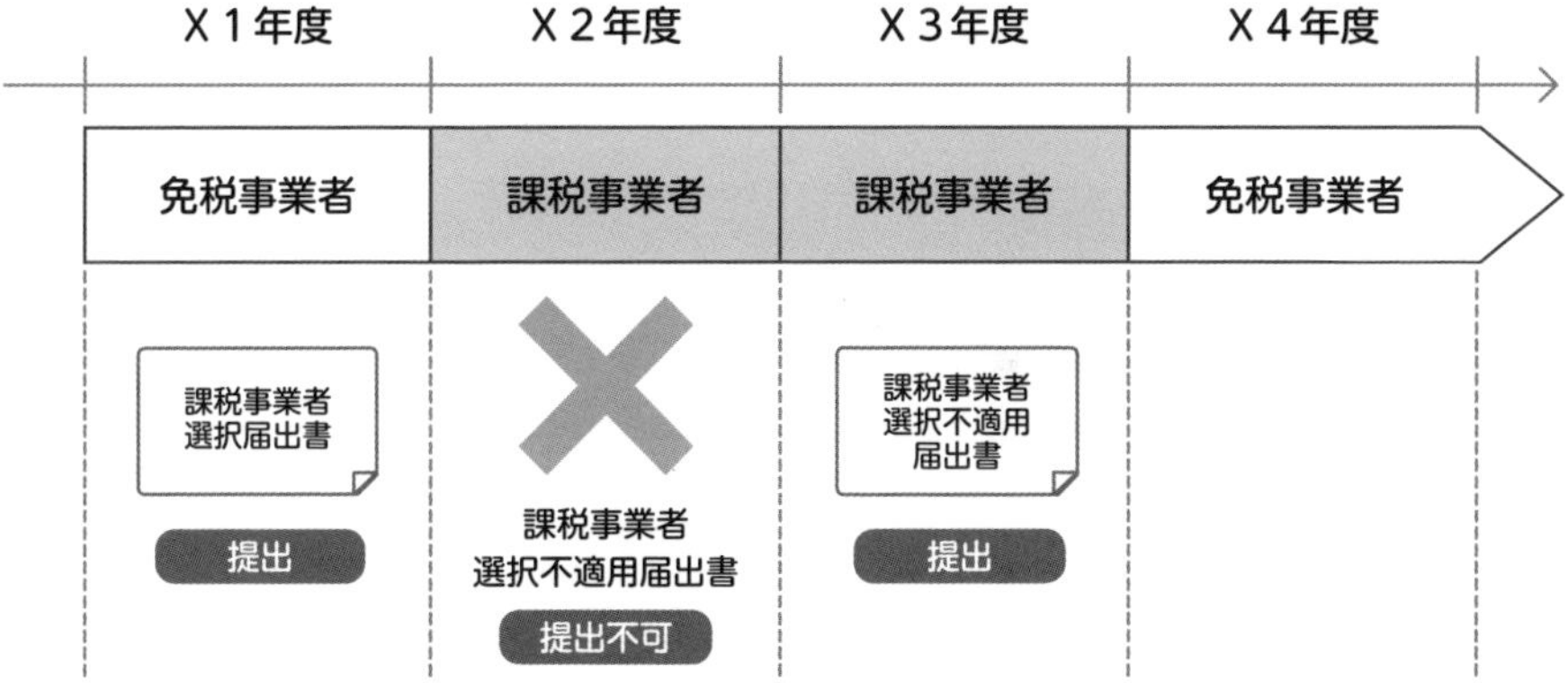

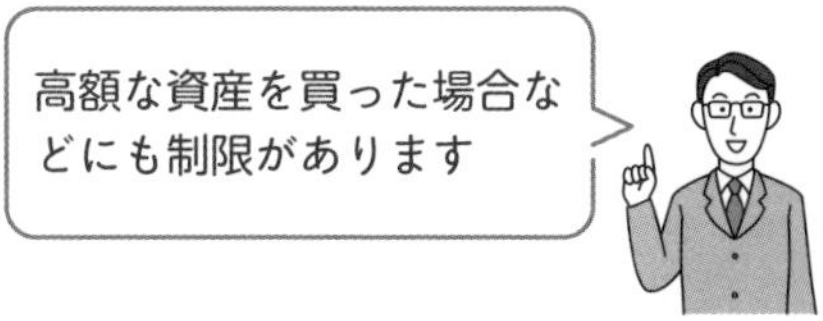

はみ出しメモ 課税事業者選択不適用届出書を提出したとしても、基準期間の課税売上高が1千万円を超える場合には課税事業者となる。

ちょっとひと息

COLUMN

簡易課税制度は将来なくなる!?

簡易課税制度は消費税導入の際、中小事業者の納税事務負担に配慮するために設けられた制度です。

ただし、本来の消費税の制度に沿っていないことから「簡易課税制度の廃止を含めた抜本的な見直しを行うべきである」との意見（政府税制調査会）も出ています。特にインボイス制度の、仕入にかかる取引の正確な消費税額と消費税率を把握するという趣旨に反します。そのため、廃止などの意見が強まる可能性もあります。

ヨーロッパ諸国でも、簡易課税制度については、フランスで廃止されたほか、ドイツでも縮小が議論されています。そもそも、ヨーロッパでは制度の適用対象範囲が狭いうえに、みなし仕入率も低く設定されており、納税額算定では原則課税方式よりも不利な制度です（単に事務負担を軽減するだけです）。

日本でも、簡易課税制度が適用できる課税売上高の上限が、当初の２億円から10年程経って、現在は５千万円に引き下げられました。将来的にはさらなる縮小や廃止の方向に向かう可能性もあります。

●簡易課税制度が適用できる課税売上高の比較

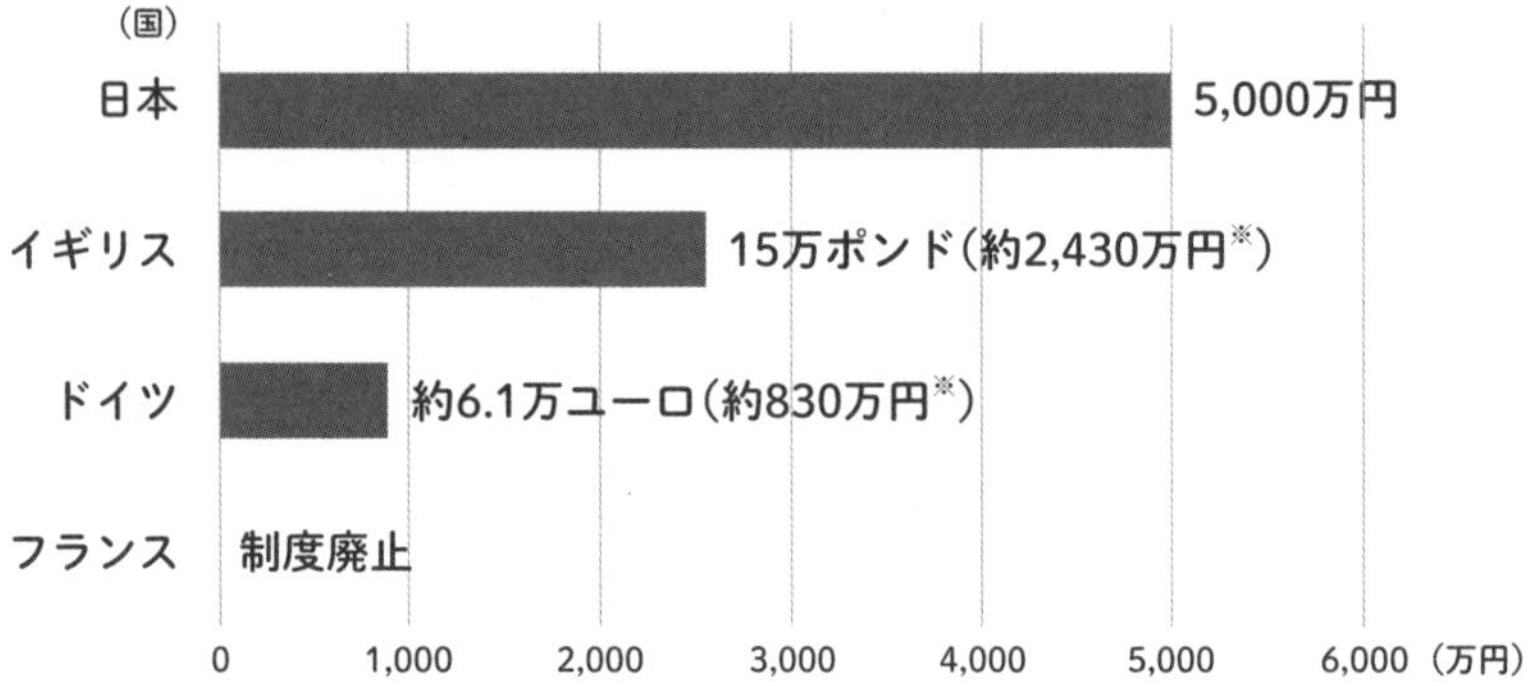

※2022年8月1日のレートに基づき算定。

第3章

こう考える！
免税事業者の選択肢

免税事業者がインボイス制度で一番影響を受けるといわれています。現在、免税事業者の人は課税事業者になるべきなのか、実際のお金の流れを追いながら確認していきましょう。

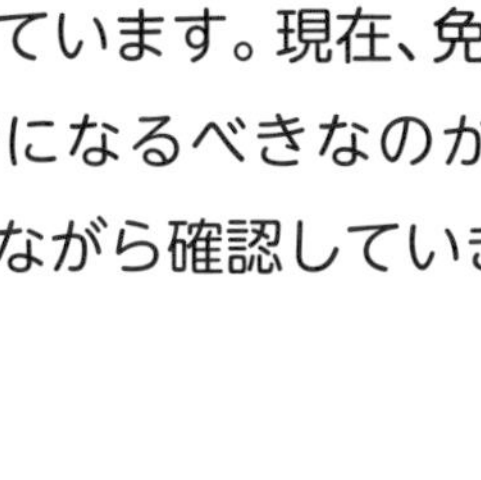

少額取引とインボイス制度の関係

少額取引の特例に該当する課税事業者の割合

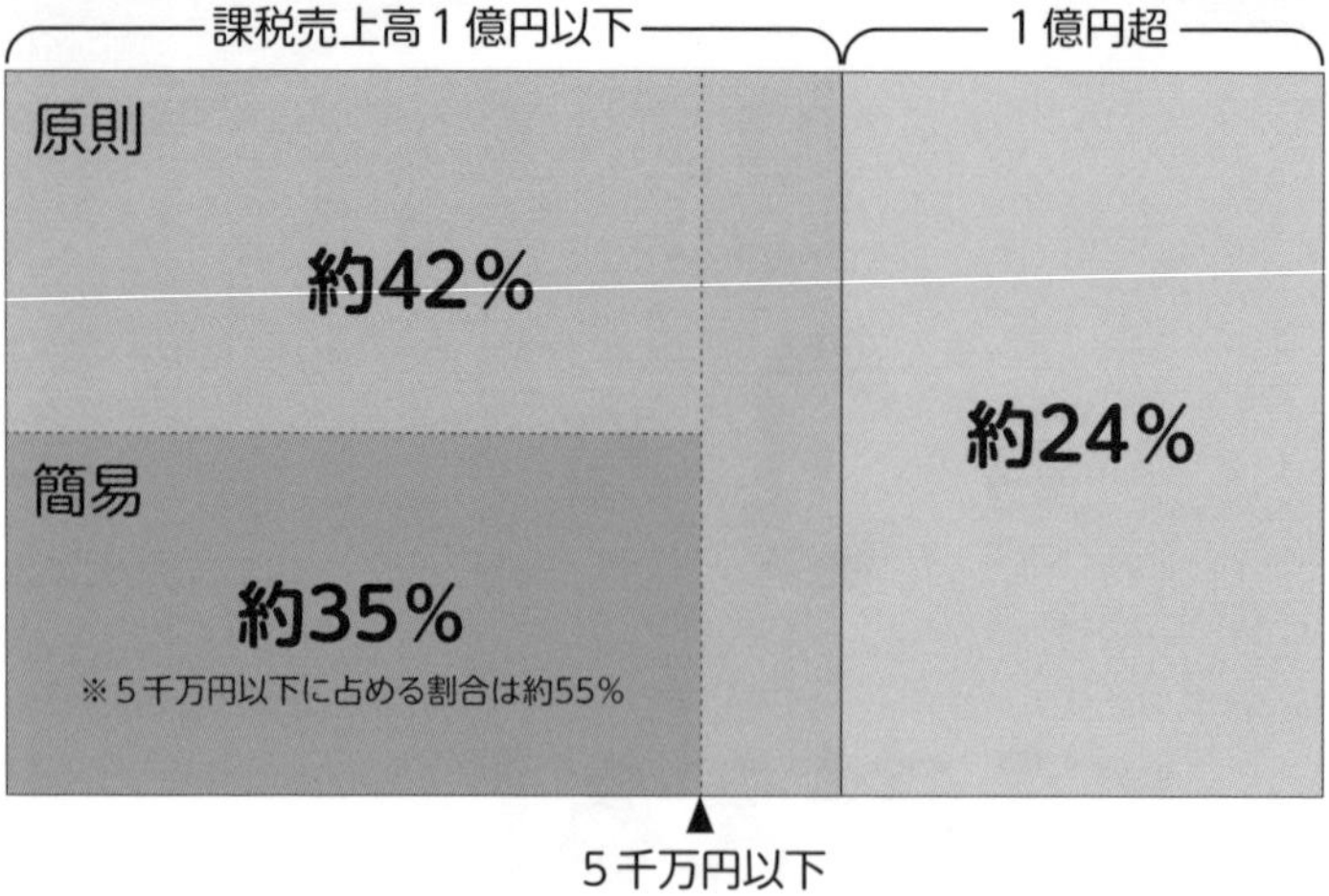

（注）四捨五入により合計数は一致しない。2020年4月１日から2021年3月31日までのあいだに終了した課税期間分の申告・処理件数（国税庁）を集計。

（参考：2022年12月16日　税務研究会配信「インボイス制度の令和５年度改正事項を速報解説、与党大綱をベースに財務省担当官がポイント等を説明」）

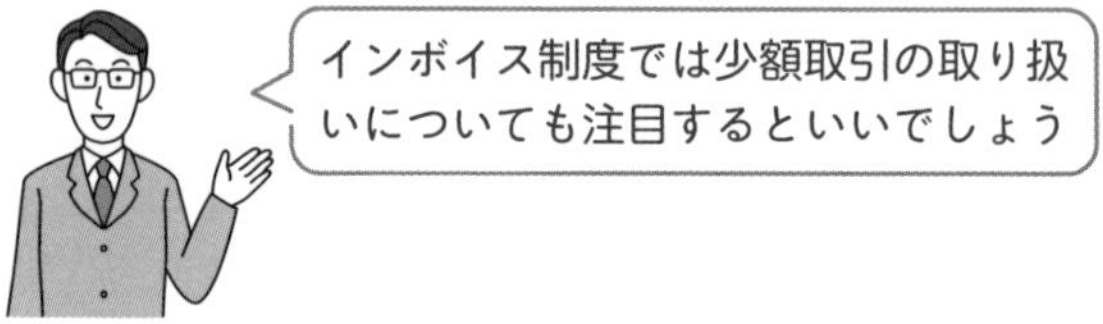

仕入税額控除の要件

インボイス制度においても、仕入税額控除の適用を受けるには、帳簿および請求書等（請求書のほか、納品書その他これらに類するもの）の保存が必要な点は変わりません。

ただし、**請求書等については、軽減税率適用の有無にかかわらず、記載事項が定められたインボイスに限られる**こととなります。

また、現行の区分記載請求書とは違ってインボイスの交付は義務であり、買い手側がインボイスの要件に合致するよう不足する情報（「軽減税率対象品目である旨」など）を追

現行の制度とインボイス制度の比較

<table>
<tr><td colspan="4" rowspan="2"></td><td>区分記載請求書等保存方式</td><td colspan="2">適格請求書（インボイス）等保存方式</td></tr>
<tr><td>2019年10月～2023年9月</td><td>2023年10月～</td><td>経過措置</td></tr>
<tr><td rowspan="7">買い手である課税事業者（仕入税額控除の適用を受ける側）</td><td rowspan="6">交付された請求書等の保存</td><td rowspan="2">必要</td><td>通常の請求書等</td><td>区分記載請求書等または請求書等＋追記</td><td>インボイス等</td><td rowspan="2">インボイスの交付を受けなくても、仕入税額の一部が控除可能</td></tr>
<tr><td>簡易な請求書等</td><td>簡易な区分記載請求書等</td><td>簡易なインボイス等</td></tr>
<tr><td rowspan="4">不要</td><td rowspan="2">少額取引等</td><td>3万円未満の仕入</td><td>×（廃止）</td><td>小規模事業者の少額取引について、交付義務を免除</td></tr>
<tr><td>やむを得ない理由がある</td><td>×（廃止）</td><td rowspan="4">—</td></tr>
<tr><td rowspan="2">請求書等の交付が困難な取引</td><td>売り手が交付困難</td><td>売り手が交付困難</td></tr>
<tr><td>—</td><td>買い手が交付を受けることが困難</td></tr>
<tr><td colspan="3">帳簿の保存</td><td>必要（区分記帳）</td><td>必要（区分記載）</td></tr>
<tr><td colspan="4">請求書等の交付者</td><td>課税事業者および免税事業者</td><td>課税事業者のみ</td><td>—</td></tr>
<tr><td>売り手である課税事業者</td><td colspan="3">交付した請求書等の保存</td><td>—</td><td>インボイスの写し</td><td>免税事業者が課税事業者となった場合、消費税の一部を免除</td></tr>
<tr><td colspan="4">保存期間</td><td>7年間</td><td>7年間</td><td>—</td></tr>
</table>

記することは認められません。さらに、売り手側も交付したインボイスの写しを保存する必要があります。

少額取引への影響と対応

インボイス制度においても、取引の性質上インボイスの交付が困難である、あるいは、少額取引であるなどの理由から、インボイスの交付・保存をせずに仕入税額控除が可能な取引が定められています（ただし、少額取引については適用範囲が大幅に変更される。P52）。

免税事業者である売り手は、基本的には小規模な事業者であり、インボイスの交付・保存義務が免除される事業者に該当すると考えられます。買い手、売り手とも、インボイス制度における自らの位置づけを確認し、対応を検討しましょう。

はみ出しメモ 不特定多数の者と取引する事業についても、現行の区分記載請求書と同様に、簡易インボイスの交付が認められる。

02

知っておきたいインボイスの経過措置

インボイス制度にかかわる経過措置①

税額計算の経過措置

インボイス制度の導入にあたっては、急激な環境変化を緩和させるなどの目的で、一定の経過措置が設けられています。２０２２年12月に公表された税制改正大綱でもさらにその内容が拡充されています。

このうち税額計算に影響する経過措置は、インボイスを受け取る側の「買い手である課税事業者」に適用されるものと、発行する側の「売り手である免税事業者」に適用されるものに分けられます。免税事業者が、課税事業者になるかを考える際にも配慮すべき内容です。

従来の経過措置

●買い手における消費税額の軽減

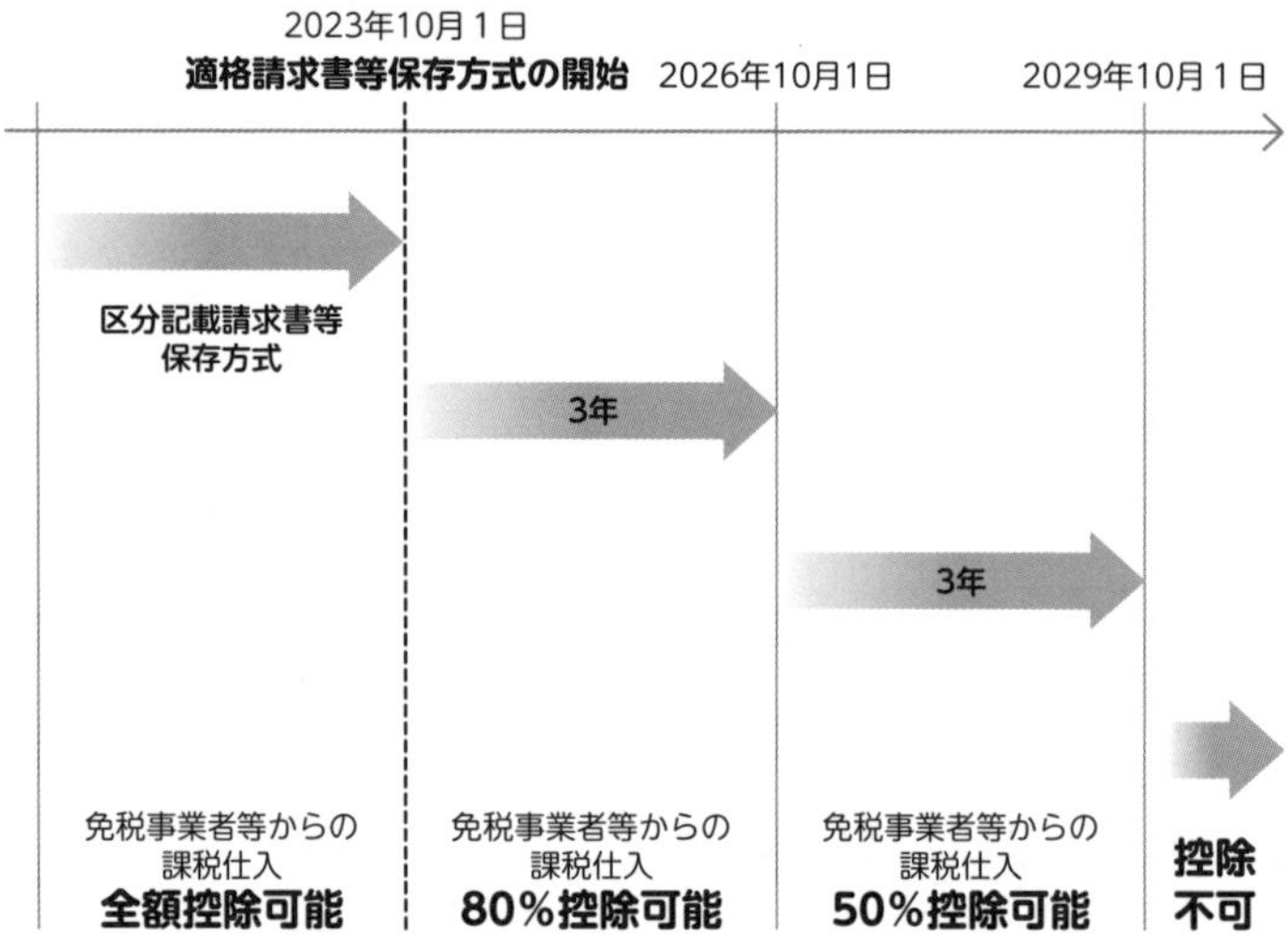

（参考：国税庁「適格請求書等保存方式（インボイス制度）の手引き」）

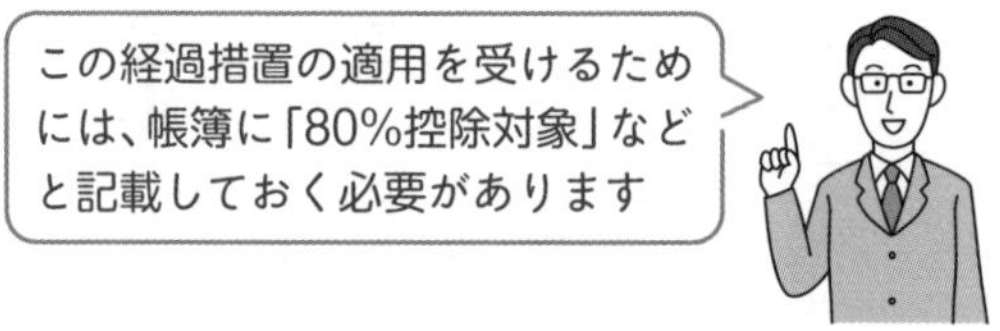

郵 便 は が き

お手数ですが、
切手を
おはりください。

1 5 1 0 0 5 1

東京都渋谷区千駄ヶ谷 4-9-7

(株) 幻 冬 舎

書籍編集部宛

ご住所 〒

都・道
府・県

お名前 フリガナ

メール

インターネットでも回答を受け付けております
https://www.gentosha.co.jp/e/

裏面のご感想を広告等、書籍の PR に使わせていただく場合がございます。

幻冬舎より、著者に関する新しいお知らせ・小社および関連会社、広告主からのご案内を送付することがあります。不要の場合は右の欄にレ印をご記入ください。

不要 □

本書をお買い上げいただき、誠にありがとうございました。
質問にお答えいただけたら幸いです。

◎ご購入いただいた本のタイトルをご記入ください。

『　　　　　　　　　　　　　　　　　　　　　　　　　　』

★著者へのメッセージ、または本書のご感想をお書きください。

●本書をお求めになった動機は？

①著者が好きだから　②タイトルにひかれて　③テーマにひかれて
④カバーにひかれて　⑤帯のコピーにひかれて　⑥新聞で見て
⑦インターネットで知って　⑧売れてるから／話題だから
⑨役に立ちそうだから

生年月日　西暦　　年　月　日（　歳）男・女				
ご職業	①学生	②教員・研究職	③公務員	④農林漁業
	⑤専門・技術職	⑥自由業	⑦自営業	⑧会社役員
	⑨会社員	⑩専業主夫・主婦	⑪パート・アルバイト	
	⑫無職	⑬その他（　　　　）		

ご記入いただきました個人情報については、許可なく他の目的で使用することはありません。ご協力ありがとうございました。

令和5年度税制改正大綱で追加される経過措置

●買い手における消費税額の軽減

・基準期間における課税売上高が1億円以下または特定期間における課税売上高が5千万円以下である事業者について、課税仕入にかかる支払対価の額が1万円未満である場合には、インボイスの保存がなくても、一定の事項が記載された帳簿の保存のみで仕入税額控除が可能

1万円未満

適用期間<2023年10月～2029年9月>

●売り手における消費税額の軽減

・免税事業者が課税事業者や適格請求書発行事業者となった場合、売上に含まれる消費税額について80%を控除し、納付税額を残りの20%とすることができる（➡P56）
・この措置の適用を受けるための事前の届出は不要
・売上の把握のみで消費税の申告が可能となるため、みなし仕入率が80%の場合の簡易課税制度と同様の計算方法となる。ただし、簡易課税制度のような2年間の継続適用の縛りはない
・この措置が終了する翌期から簡易課税制度の適用を受けたい場合は、その翌期中に簡易課税制度の適用を受ける旨の届出書を提出すればよい（前期末までに提出しなくてもよい）

適用期間<2023年10月～2026年9月>

用語　**経過措置**…新しい制度に移行する場合に生じる環境の急変などを軽減するための、一時的な対応のことを指す。インボイス制度においてもいくつか設けられている。

03

知っておきたいインボイスの経過措置

インボイス制度にかかわる経過措置②

登録に関する経過措置

インボイス制度の経過措置として設けられたものは、税額計算に関するものだけではありません。

消費税は、従来さまざまな届出や申請を行う機会が多く、インボイス制度においても適格請求書発行事業者になるためには登録申請が必要です。

そのため、登録申請に関する提出期限のみならず、課税事業者の選択についての届出などにも経過措置が設けられています。

さらに、この各種登録に関する経過措置も、2022年12月に公表された税制改正大綱で追加されたものがいくつかあります。

例えば、10月1日から適格請求書発行事業者となるための登録申請書について、3月末以降の提出であっても「困難な理由」の記載が不要となる見込みです。そのほかの内容については、左ページに記載のとおりです。インボイスを発行するためには登録申請は必要な手続きとなるため、その内容については確認しておくと役に立つでしょう。

なお、手続きに関する経過措置の特例についての詳細は、第4章でも紹介していますので参考にしてください。

インボイス制度開始ギリギリまで、適格請求書発行事業者の登録を悩むことが可能です

登録に関する経過措置

	従来からの経過措置	令和5年度税制改正大綱で追加される経過措置
登録手続き	**【適格請求書発行事業者登録】** ●免税事業者は、「適格請求書発行事業者の登録申請書」のみの提出で課税事業者や適格請求書発行事業者となることができ、課税事業者となる手続き（「消費税課税事業者選択届出書」の提出）は不要とする （この措置を適用した場合は、2年間は免税事業者には戻れない） **適用期間＜現在～2029年9月＞** (➡**P80**)	—
	【簡易課税制度選択】 ●適格請求書発行事業者の登録を受ける期の期中に「消費税簡易課税制度選択届出書」を提出すれば、その期から適用される **適用期間<2023年10月～2029年9月>** (➡**P82**)	—
登録スケジュール	**【制度開始日から登録】** ●2023年10月1日より適格請求書発行事業者となるには、次のいずれかの提出が必要 ①同年3月31日まで…登録申請書 ②同年9月30日まで…「困難な事情」を記載した登録申請書	●2023年10月1日より適格請求書発行事業者となるには、同年9月30日までに登録申請書を提出すればよく、左記②「困難な事情」の記載は不要 (➡**P78**)
	【課税期間の初日から登録】 ●2023年10月のインボイス制度開始以降は、課税期間の初日の1か月前までに登録申請書を提出	**【課税期間の初日から登録】** ●課税期間の初日の「1か月前」から「15日前」までに登録申請書を提出 (➡**P80**)
	【課税期間の途中から登録】 ●2023年10月以降は、登録申請書を提出し、登録を受けた日から適格請求書発行事業者となる **適用期間<2023年10月～2029年9月>**	**【課税期間の途中から登録】** ●登録希望日（ただし、提出日から15日以降）の指定が可能（登録申請書に記載） **適用期間<2023年10月～2029年9月>** (➡**P80**)

用語　**登録希望日**…適格請求書発行事業者の登録申請書には「登録希望日」を記載する欄がある。2023年10月1日を希望する場合は記載不要。

04

仕入先への確認と自社への影響を考慮

買い手である課税事業者が考えるべき事項

取引対価の引き下げの考え方

免税事業者である売り手の取引に含まれる消費税額

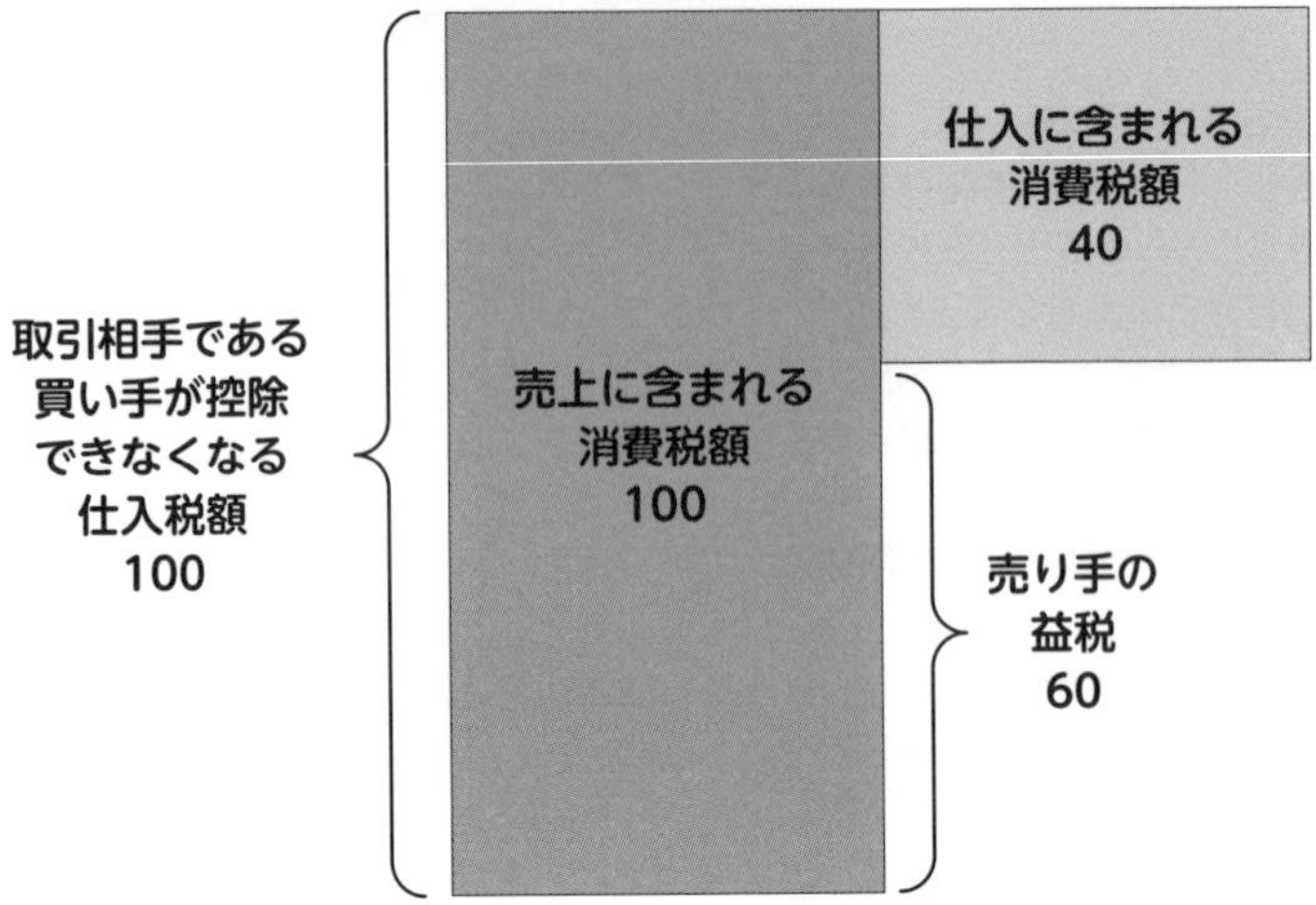

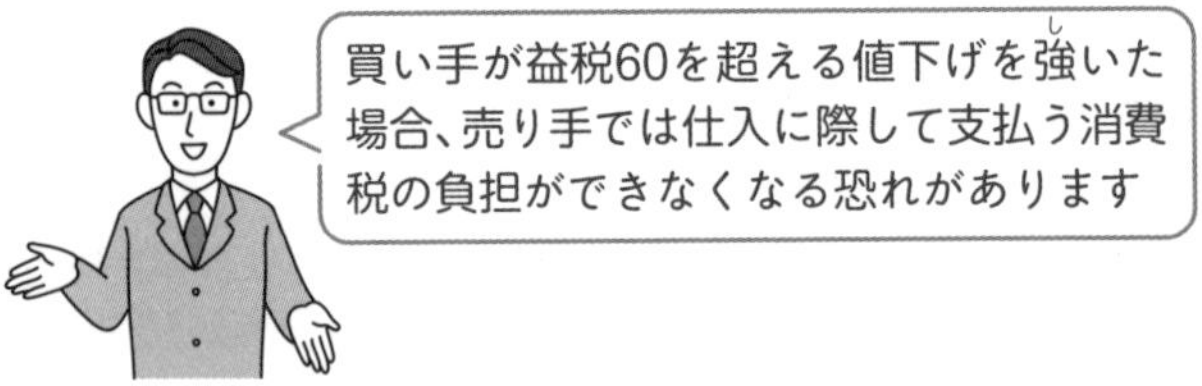

課税事業者への影響と対応

買い手では、簡易課税を選択している場合など以外は、インボイス制度実施にともない、免税事業者からの仕入に含まれる仕入税額の控除ができなくなります。

このため、**仕入先に確認状を送付するなどして免税事業者であるかの確認が必要**となります。その結果、免税事業者からの仕入が多く、仕入税額控除の適用ができなくなることが経営上問題となるようであれば、仕入価格の値下げや課税事業者となることの依頼、または、仕入先を課税事業者へ変更

優越的地位の濫用など問題となる行為

取引対価の引き下げ	買い手の都合のみで、売り手が負担している消費税額も払えないような著しく低い価格を設定すること。
商品・役務の成果物の受領拒否など	買い手が、売り手から商品を購入する契約をしたあと、売り手が適格請求書発行事業者でないことを理由に商品の受領を拒否すること。
協賛金等の負担の要請など	買い手が、インボイス制度の開始により、売り手に対し取引価格の据置きを受け入れる代わりに、売り手に協賛金、販売促進費などの名目で金銭の負担を要請すること。
購入・利用強制	買い手が、インボイス制度の開始により、売り手に対し取引価格の据置きを受け入れる代わりに、取引している商品・役務以外の商品・役務の購入を要請すること。
取引の停止	買い手が、インボイス制度の開始により、売り手に対して、一方的に免税事業者が負担していた消費税額も払えないような著しく低い取引価格などを設定し、不当に不利益を与えることとなる場合であって、これに応じない場合に取引を停止すること。
登録事業者となるように強く要請するなど	買い手が、売り手に対して、「課税事業者にならなければ取引価格を引き下げる」とか、「応じなければ取引を打ち切ることにする」などと一方的に通告すること。

するなどの対応を検討することが必要です。課税事業者であると回答してきた場合でも、適格請求書発行事業者の登録をしているのか「適格請求書発行事業者公表サイト」で調べるほうがいいでしょう。なお、買い手も適格請求書発行事業者としての登録が必要となります。

値下げ交渉における注意

仕入先の中小の免税事業者への対応では、買い手である課税事業者のほうが交渉力があると思われるため、**独占禁止法や下請法における「優越的地位の濫用」に該当する行為を行わないよう注意が必要**です。特に多いと思われる「取引対価の引き下げ」では、控除ができない仕入税額の全額の値下げは難しくなる可能性がある点には注意が必要です。

はみ出しメモ 仕入先への確認状の書面については、一般社団法人日本加工食品卸協会のサイト（http://nsk.c.ooco.jp/pdf/20210521_1.pdf）などにサンプルがある。

05

売り手である免税事業者への影響と対応

請求書の交付義務から考える免税事業者の選択

交付や保存が不要なケース

売り手である免税事業者については、まず、自らが請求書を交付する義務があるかどうかの確認が必要となります。

現在の区分記載請求書方式で、買い手における仕入税額控除のための請求書保存義務が免除されている事業のうち、売り手における請求書発行あるいは買い手における請求書受領が困難であることが理由である場合は（P52）、インボイス制度実施後もそのまま請求書発行・保存は不要であり、特段の対応は必要ありません。

しかし、3万円以下の少額取引が理由である場合、あるいは、領収書の交付を受けなかったことについてやむを得ない理由があった場合の請求書発行・保存義務の免除は、インボイス制度下では廃止となります。請求書の発行が必要である事業者同様、**免税事業者に留まるか、課税事業者（適格請求書発行事業者）となる選択をするかを検討しなければなりません。**

なお、少額取引については、少額取引の特例の一部の継続がはかられる見通しです。中小事業者による取引の多くが該当すると考えられますが、経過措置であるため、経過措置終了後を考慮して対応を検討する必要があります。

交付や保存が必要なケース

現在、買い手における仕入税額控除のための請求書発行が必要となっている相手先に対しては、インボイス制度実施後も免税事業者に留まった場合はインボイスの発行が認められなくなります。

このため、まず、免税事業者に留まるか、課税事業者となるかの選択が必要となります。また、課税事業者となった場合は、原則課税と簡易課税のいずれかの選択が必要となります。

免税事業者の判断の流れ

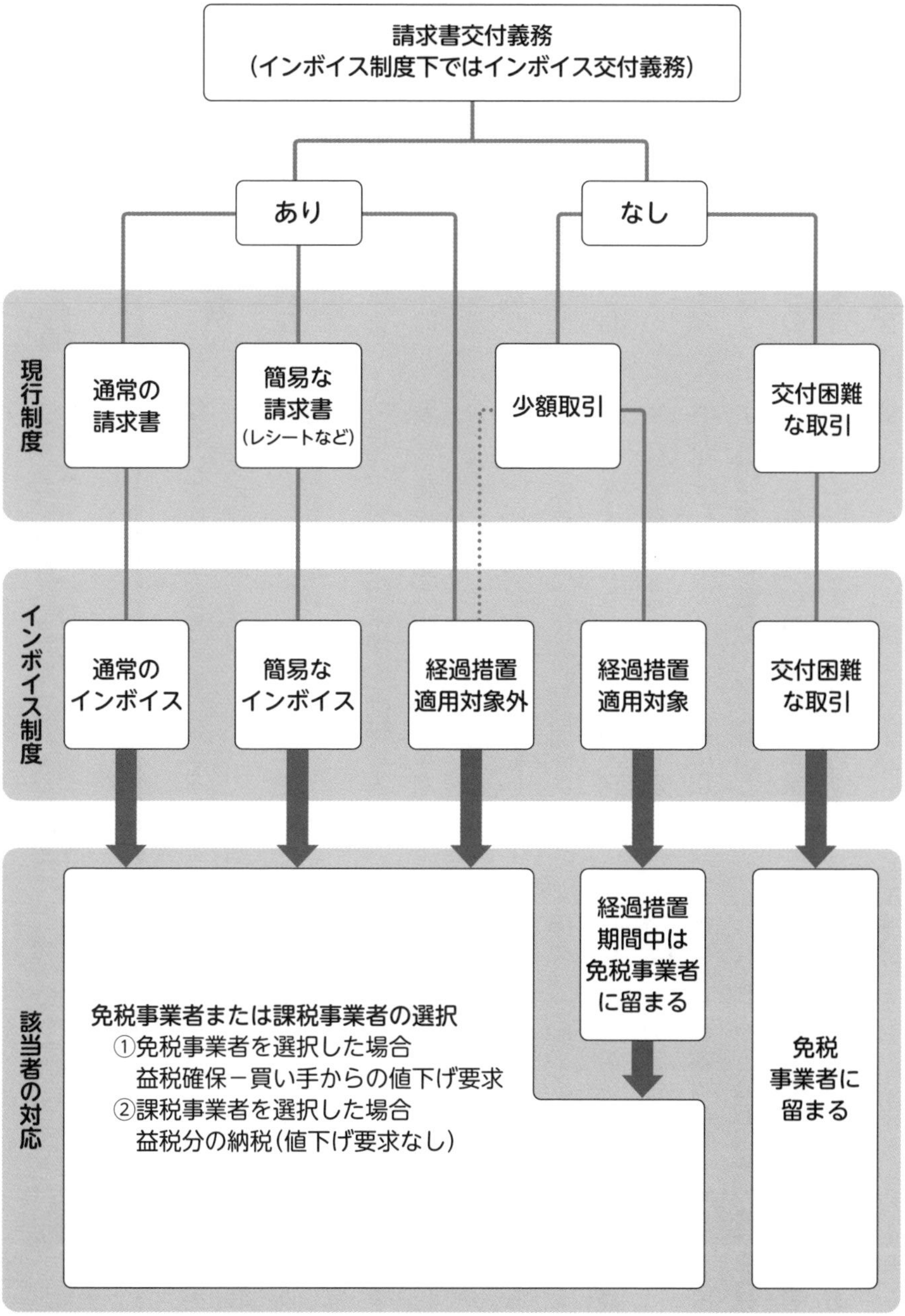

はみ出しメモ
最終的には、税務の専門家と、全取引に占める上記各取引のウエイトなどの事情を勘案して個別に検討する必要がある。ここでは、検討する際の基礎的な考え方を提供している。

06 交付義務がない場合は免税事業者に留まることも

インボイス発行等が困難な事業

現行の制度下における仕入税額控除適用について、請求書発行が困難な事業についてはその発行義務が免除されていますが、これは、基本的には、インボイス制度実施後も引き継がれます。また、インボイス制度においては、買い手によるインボイスの受け取りが困難なケースも交付・保存が不要な事業に追加されています（仕入先が免税事業者である場合のみ適用となる。左ページ参照）。

このため、**免税事業者がこれらの事業に係る売り手となっている場合についてはインボイス制度実施後においても**、免税事業者に留まることも考えられます。

少額取引の場合

現在、「3万円未満の課税仕入」及び「請求書等の交付を受けなかったことにつきやむを得ない理由があるとき」は、一定の事項を記載した帳簿の保存のみで仕入税額控除が認められます。しかし、インボイス制度の開始後は、これらの規定は廃止されます。したがって、少額取引による請求書交付義務免除が適用となっていた先についても、課税事業者または免税事業者の選択の検討が必要です。

なお、「基準期間における課税売上高が1億円以下又は特定期間における課税売上高が5千万円以下である事業者」について、「２０２３年10月1日から２０２９年9月30日までの間に国内において行う課税仕入」を対象に、「当該課税仕入にかかる支払対価の額が1万円未満である場合」には、インボイスの保存なしに仕入税額控除が認められる見通しです。この要件に該当する場合、当面は免税事業者に留まることも考えられますが、**経過措置の終了を見据え、課税事業者または免税事業者の選択の検討を進めていく必要があります。**

帳簿の保存のみで仕入税額控除の適用が受けられる場合

売り手の事情 インボイスを交付することが困難	買い手の事情 インボイスの交付を受けることが困難
①3万円未満の公共交通機関（船舶、バス又は鉄道）による旅客の運送	①同左
②出荷者等が卸売市場において行う生鮮食料品等の販売	—
③生産者（農協等の組合員）が農協等に委託して行う農林水産物の販売	—
—	②適格簡易請求書の記載事項が記載されている入場券等が使用の際に回収される取引
—	③古物営業を営む者で適格請求書発行事業者でない者からの古物の購入
—	④質屋を営む者で適格請求書発行事業者でない者からの質物の取得
—	⑤宅地建物取引業を営む者で適格請求書発行事業者でない者からの建物の購入
—	⑥適格請求書発行事業者でない者からの再生資源及び再生部品の購入
④３万円未満の自動販売機及び自動サービス機により行われる商品の販売等	⑦同左
⑤郵便切手類のみを対価とする郵便・貨物サービス（郵便ポストに差し出されたものに限る）	⑧同左
—	⑨従業員等に支給する通常必要と認められる出張旅費等（出張旅費、宿泊費、日当および通勤手当）

少額取引の特例の適用範囲

<table>
<tr><td colspan="3" rowspan="3"></td><td colspan="2">事業者の規模</td></tr>
<tr><td colspan="2">課税売上高</td></tr>
<tr><td>右記以外</td><td>基準期間に1億円以下または特定期間に5千万円以下</td></tr>
<tr><td rowspan="3">取引額</td><td rowspan="3">課税仕入額</td><td>3万円以上</td><td colspan="2">インボイスの保存が必要</td></tr>
<tr><td>3万円未満</td><td colspan="2">インボイスの保存が必要</td></tr>
<tr><td>1万円未満</td><td></td><td>インボイスの保存が不要(経過措置)</td></tr>
</table>

（3万円未満・1万円未満）現行制度では請求書保存不要

用語　**仕入明細書**…買い手側で仕入に関する内容を記載した明細書。この明細書を仕入先に確認してもらうことで請求書の代わりとする商慣行がある。

07

売り手である免税事業者への影響と対応

請求書の交付義務がある場合の検討事項

対応方法

免税事業者におけるインボイス制度への対応のひとつの考え方は、「05　請求書の交付義務から考える免税事業者の選択」（P50）で考察しました。

請求書発行が必要な事業者、あるいは、現在は少額特例で請求書交付・保存義務が免除となっている事業者のうちで経過措置（P44）の対象事業者以外については、インボイス制度開始後をにらんで、「①免税事業者に留まって益税を確保しながら売上先からの値下げ交渉に臨む」か、「②課税事業者を選択して適格請求書発行事業者の登録を行って益税となっている額の納税を行うか」等の検討も必要と考えられます。

検討すべき項目

具体的には、キャッシュ・フローへの影響（益税喪失額と値下げ額の比較）を基本に、納税事務負担、インボイス発行事務負担、両当事者間の値下げ交渉などの項目を、インボイス制度の経過措置適用期間中および経過措置終了後の流れを加味して、判断することとなります。

やはり、手元に残すお金を最大化するため、**検討の中心となるのはキャッシュ・フローです**。ここでは、経過措置によるキャッシュ・フロー減少の抑制効果が大きい益税が多いケース（すなわち、課税仕入が少ないケース、フリーランスや一人親方の事業者の多くが該当すると考えられる）、および、同効果が限定的な益税が少ないケース（すなわち、課税仕入が多いケース）を分けて考える必要があります。

具体的には、「08　状況別のキャッシュ・フローからの検討」（P56）以降で検討していきます。

現在免税事業者である売り手が検討するポイント

<○＝オススメの選択、△＝検討が必要、×＝オススメできない>

検討すべき項目			免税事業者		課税・適格請求書発行事業者	
キャッシュ・フローへの影響	益税が多い場合	経過措置適用中	○	減少額が小さい（経過措置の適用は6年間）	×	減少額が大きい（経過措置の適用は3年間のみ）
		経過措置終了後	△	同程度に減少	△	同程度に減少
	益税が少ない場合	経過措置適用中	△	同程度に減少（経過措置の効果は小さい）	△	同程度に減少（経過措置の効果は小さい）
		経過措置終了後	×	減少額が大きい	○	減少額が小さい
納税事務		経過措置適用中	○	不要	×	必要（＋課税事業者届出事務）
		経過措置終了後	△	必要（＋課税事業者届出事務）	△	必要
インボイス発行のための会計システム対応		経過措置適用中	○～△	不要（※）	×～△	必要（※）
		経過措置終了後	×～△	必要（※）	△～○	不要（※）
税額計算方式選択			○	選択作業不要	×	簡易課税または原則課税の選択作業が必要
買い手との値下げ等取引条件見直し交渉			×	交渉あり	○	交渉なし
【課税・適格請求書発行事業者選択の場合】売り手（仕入先）に対して必要となる確認作業			○	免税事業者／課税事業者確認作業不要	×	免税事業者／課税事業者確認作業必要（＋免税事業者との値下げ等交渉必要）

※会計システム導入済の場合は軽微な対応に留まると思われるため△とした。

はみ出しメモ 令和５年度税制改正大綱に基づく、納税額軽減の経過措置は、益税が少ない場合に有利になると考えられる。

08

売り手である免税事業者への影響と対応

状況別のキャッシュ・フローからの検討

検討するポイント

現行の制度では、免税事業者の売り手は、消費税の納税を免除されています（益税）。一方、買い手は、免税事業者の売上に含まれる消費税額（=買い手の仕入に含まれる消費税額）の全額を仕入税額として控除できます。

インボイス制度開始により、**売り手については❶免税事業者に留まりそのまま益税を確保する場合は、仕入税額控除ができなくなった買い手からの値下げ対応が必要**となり、あるいは、**❷課税事業者となった場合は益税部分の納税が発生し、いずれにせよキャッシュ・フローが減少する可能性があります。**

このため、具体的な対応として考えられる、❶売り手が免税事業者に留まり買い手が経過措置の適用を受ける場合と、❷売り手が課税事業者・適格請求書発行事業者となりかつ売り手の経過措置の適用を受ける場合（❷は令和5年度税制改正大綱により導入される見通し）とを比較し、キャッシュ・フローの減少を最小限に留められる方法を選択することとなります。

具体的な影響

❶のケースでは、経過措置により当初3年間は、値下げ要求額は売り手の売上に含まれる消費税額（すなわち、買い手の仕入に含まれる消費税額）の20%まで、次の3年間が同50%までに留められます。そのため、値下げ幅も限定的です。しかし、経過措置の終了後は仕入税額の100%の値下げを求められる可能性があります。

❷のケースでは、経過措置により3年間は、納税額が売上に含まれる消費税額の20%、経過措置終了後は益税分全額となります。一方、この場合は、インボイスを発行できるため買い手からの値下げ要求は回避できます。

キャッシュ・フローの具体的な考え方

現行制度

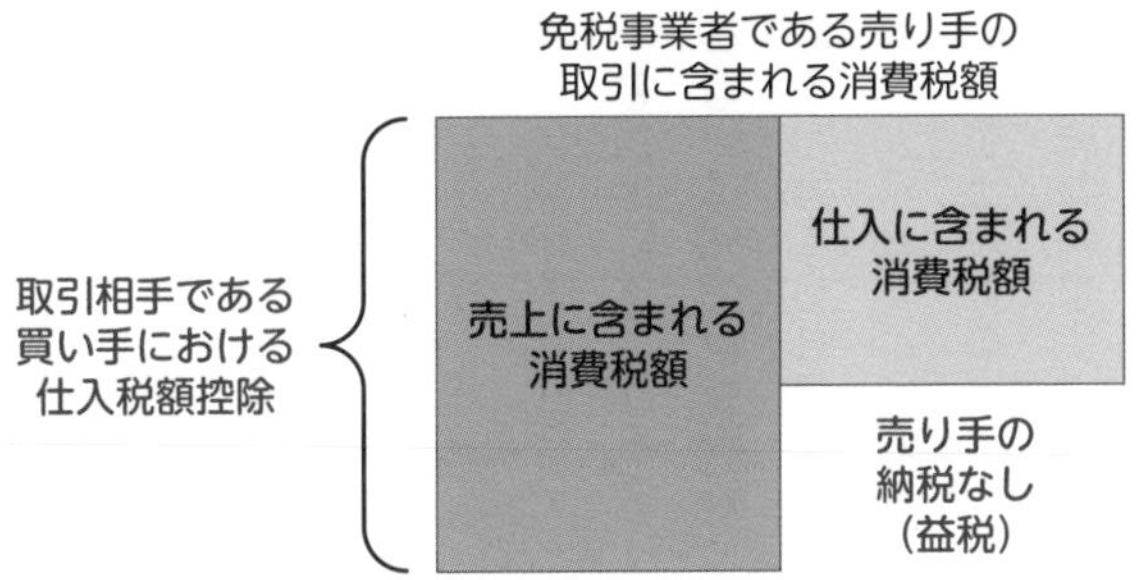

インボイス制度

❶売り手が免税事業者に留まり、買い手が経過措置の適用を受ける

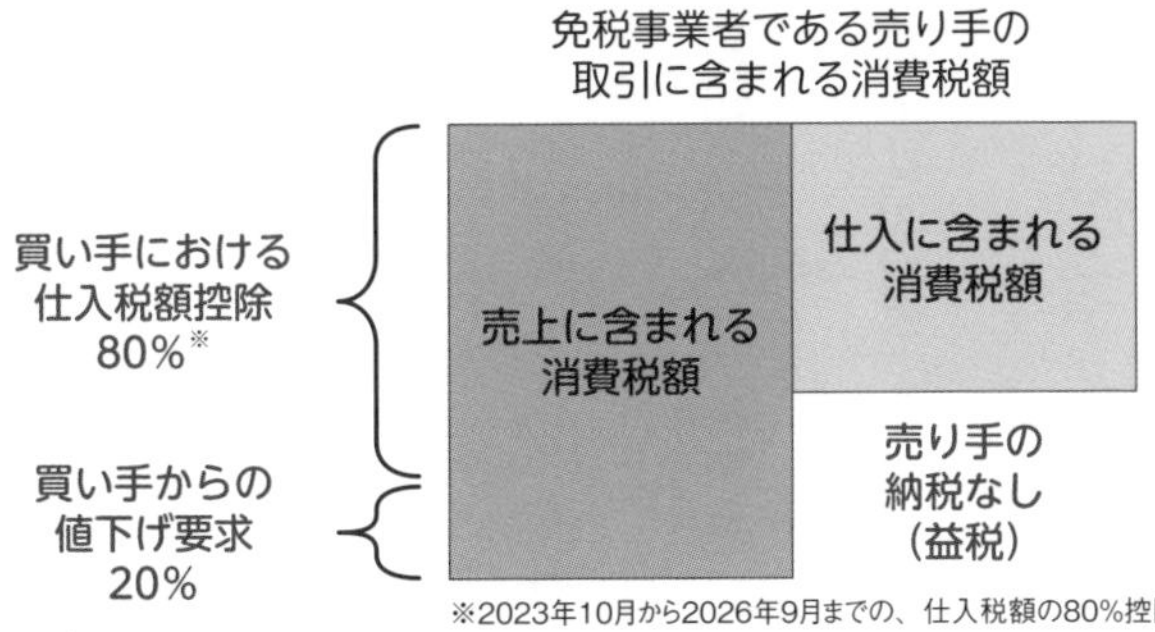

※2023年10月から2026年9月までの、仕入税額の80%控除を前提としている。

❷売り手が課税・適格請求書発行事業者となり、売り手が経過措置の適用を受ける
（令和５年度税制改正大綱より）

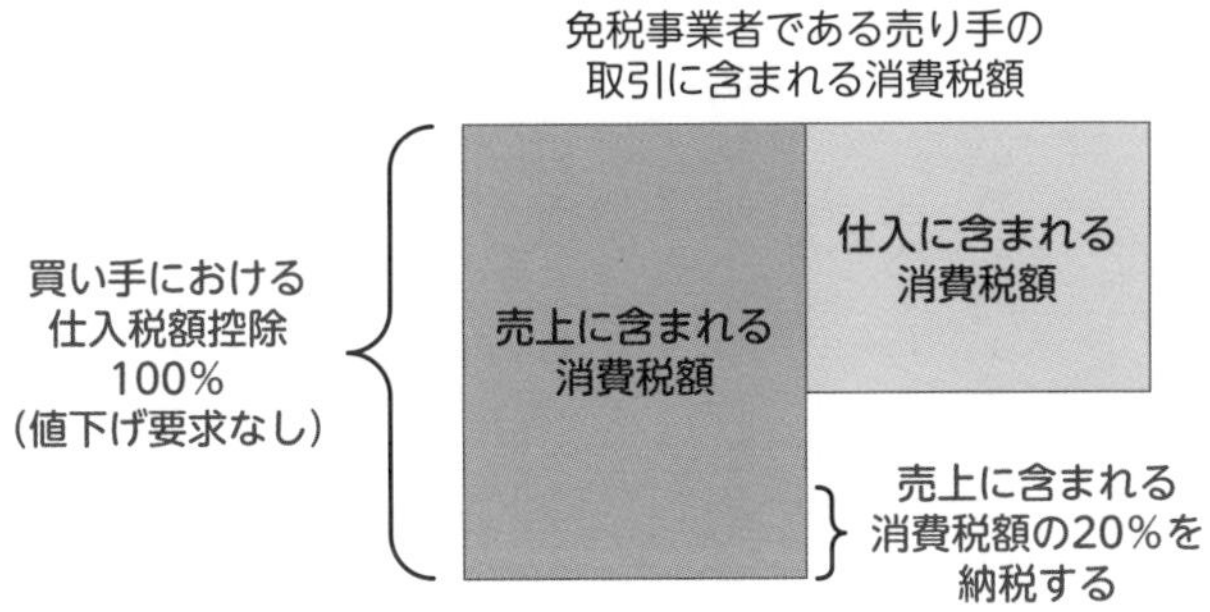

はみ出しメモ 令和５年度税制改正大綱では、経過措置について「その他所要の措置を講ずる」とされているため、今後、ほかの経過措置が定められる可能性もある。

09

売り手である免税事業者への影響と対応

益税が多い免税事業者の場合の考え方①

経過措置がある期間

売り手において益税が多い場合、すなわち、課税仕入額の割合が低い場合は、**売り手の売上に含まれる消費税額の20％あるいは50％が益税額よりも小さくなると考えられます。**フリーランスや一人親方などの事業者は、通常は大きな仕入がなく、こちらに該当すると思われます。

左ページ❶のように、免税事業者である売り手の取引に含まれる消費税額が、売上について１００、仕入について10として、買い手の経過措置（Ｐ44）を適用すると、値下げ要求によりキャッシュ・フローは当初3年間で20減少し、続く3年間は50減少することとなります。

一方、適格請求書発行事業者となって売り手の経過措置（Ｐ45）を適用すると、当初3年間のみ売上に含まれる消費税額の20％を納税することとなり、左ページ❷のようにキャッシュ・フローは20の減少となります。

このため、キャッシュ・フローから見ると、経過措置が適用となる6年間は免税事業者に留まるほうがいいでしょう。

経過措置終了後

経過措置終了後は、免税事業者に留まる場合は最大で売上に含まれる消費税額の１００％の値下げが要求される可能性があります（左ページでは１００のキャッシュ・フローが減少）。

一方、適格請求書発行事業者となる場合には、益税部分の納税が必要となります（左ページでは、１００から10を引いた90のキャッシュ・フローが減少）。

すなわち、両選択肢によるキャッシュ・フローへの影響はさほど変わらないことから、値下げ交渉や納税事務などを考慮して対応を定めるべきこととなります。

益税が多い場合の実例

❶売り手が免税事業者に留まり、買い手が経過措置の適用を受ける

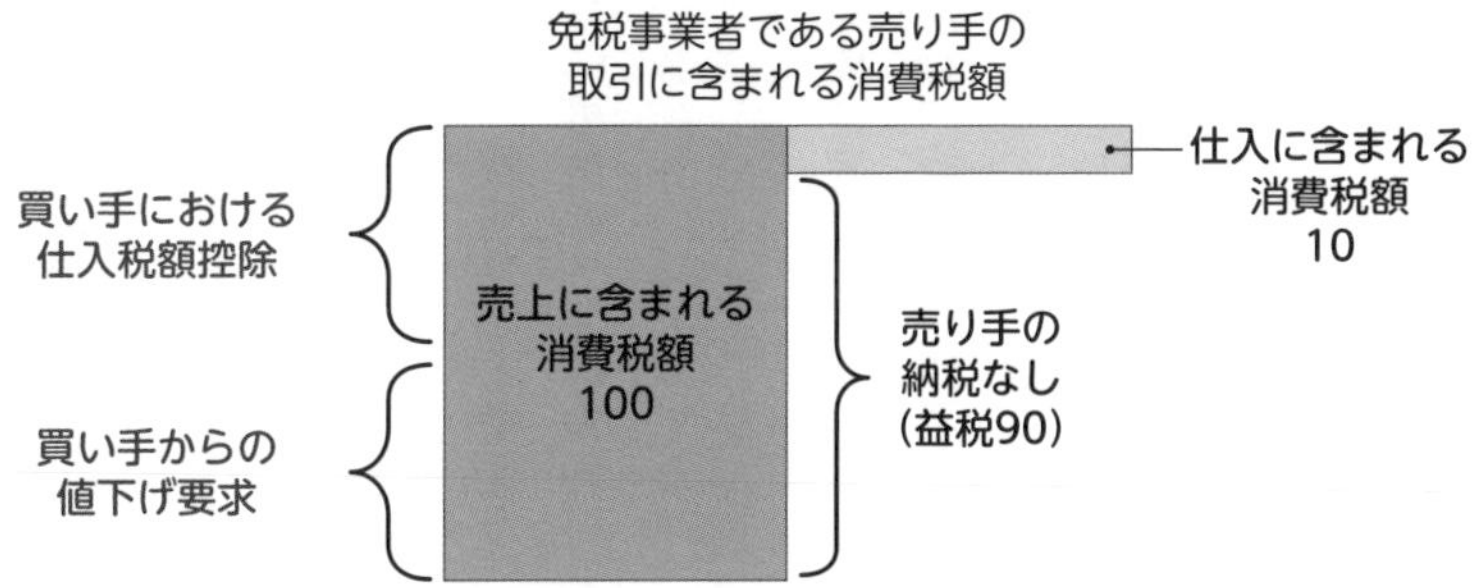

買い手からの値下げ要求の額は経過措置により変化し、キャッシュ・フローの変動は次のようになる。

2023年10月-2026年9月 買い手は仕入税額の80%を 控除できる	2026年10月-2029年9月 買い手は仕入税額の50%を 控除できる	2029年10月以降 買い手は仕入税額控除が できない
▲20 (値下げ要求100×20%=20)	▲50 (値下げ要求100×50%=50)	▲100 (値下げ要求100※)

※優越的地位の濫用については便宜上考慮しない。

❷売り手が課税・適格請求書発行事業者となり、売り手が経過措置の適用を受ける

(令和５年度税制改正大綱より)

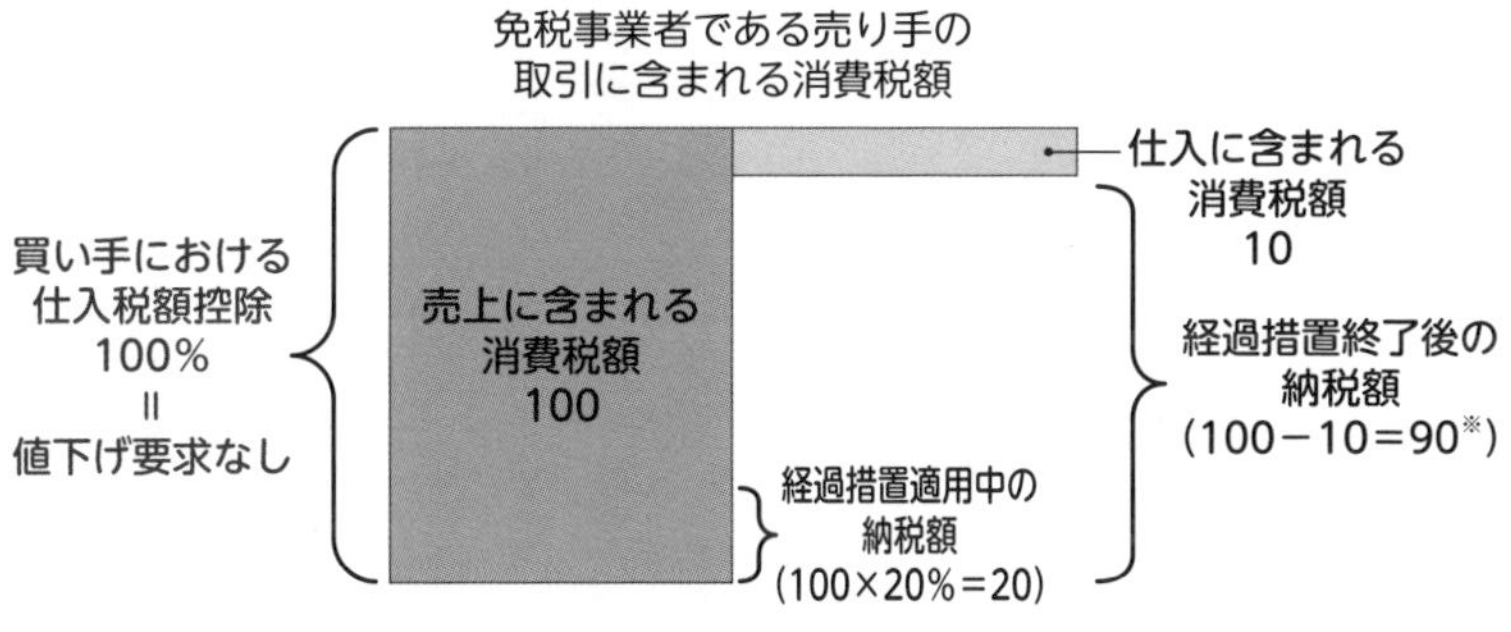

買い手はインボイスを受け取ることができるため値下げ要求について考慮する必要がなく、キャッシュ・フローの変動は次のようになる。

2023年10月-2026年9月 売り手の経過措置がある	2026年10月以降 売り手の経過措置がない
▲20 (納税額)	▲90 (納税額※)

※原則課税方式で計算することが前提。

用語　**電子帳簿保存法**…正式名称は「電子計算機を使用して作成する国税関係帳簿書類の保存方法等の特例に関する法律」。帳簿や書類をデータで保存することなどを認めるもの。

益税が多い免税事業者の場合の考え方②

免税事業者・課税事業者の選択

多くの事業者が該当すると考えられる益税が多い事業者への影響と対応を、もう少し詳しく見てみましょう。

益税が多い事業者では、経過措置適用期間および、経過措置終了後のそれぞれにおいて、免税事業者となるか、課税事業者となるかによるキャッシュ・フローへの影響の差はさほど大きくはならない可能性があります（左ページA対C、D対E）。

このため、経済合理的な視点では、制度スタートの当初は免税事業者に留まり、納税事務の体制が整った段階で課税事業者となることが現実的な判断と考えられます。

なお、令和5年度税制改正大綱に基づき導入が見込まれている「課税事業者を選択した場合の経過措置」は2026年9月までですが、「免税事業者等からの仕入にかかる経過措置」とつじつまをあわせるために（左ページB）2029年9月まで延長される可能性もあります。そのため、今後の制度の推移には注意が必要です。

経過措置終了後の選択

益税が多い事業者では、経過措置終了時にキャッシュ・フローのマイナスが大きく拡大する可能性が高くなります（左ページAとC対DとE）。このため、免税・課税事業者選択よりも、経過措置終了後を見据えて、経営上の対応を検討する視点も重要になると考えられます。

したがって、経過措置終了後のキャッシュ・フローのマイナスの程度を見積もり、経営上重大な影響を及ぼすほどに大きければ、経営体制を抜本的に見直したり、早い段階から買い手との価格交渉をしっかり行ったりするなどの対応が必要になると考えられます。

キャッシュ・フローのマイナス幅

●状況別のキャッシュ・フロー計算

売り手の売上および仕入に含まれる消費税を、それぞれ、100と10として計算。

	買い手への値下げ	納税			キャッシュ・フローのマイナス幅	
		売上に含まれる消費税額	仕入に含まれる消費税額	納税額		
免税事業者に留まり経過措置を適用（2023年10月～2026年9月）	20	0	0	0	▲20	➡ A
免税事業者に留まり経過措置を適用（2026年10月～2029年9月）	50	0	0	0	▲50	➡ B
課税事業者を選択し経過措置を適用（2023年10月～2026年9月）	0	20	0	0	▲20	➡ C
免税事業者に留まり経過措置を未適用	100	0	0	0	▲100	➡ D
課税事業者を選択し経過措置を未適用	0	100	10	90	▲90	➡ E

●時系列で見るキャッシュ・フローの推移

	2023年10月～2026年9月	2026年10月～2029年9月	2029年10月～
免税事業者に留まり経過措置を適用	A ▲20	B ▲50	－（適用不可）
課税事業者を選択し経過措置を適用	C ▲20	－（適用不可※）	－（適用不可）
免税事業者に留まり経過措置を未適用	D ▲100		▲100
課税事業者を選択し経過措置を未適用	E ▲90		▲90

※免税事業者に留まった場合の経過措置とのつじつまをあわせるために、この期間についても何らかの措置の延長が行われる可能性もある。

はみ出しメモ 会計ソフトでの入力の際には、税区分を指定して入力する必要があるため、簡易課税方式を採用していた場合でも仕入税額の区分が必要となる。

11

売り手である免税事業者への影響と対応

益税が少ない免税事業者の場合の考え方

経過措置がある期間

売り手において益税が少ない場合、すなわち、課税仕入額の割合が高い場合は、**売り手の売上に含まれる消費税額の20％あるいは50％が益税額よりも大きくなることがあると考えられます。**

左ページ❶のように、免税事業者である売り手の取引に含まれる消費税額が、売上について100、仕入について60として考えてみます。この場合に、買い手の経過措置を適用すると、値下げ要求によりキャッシュ・フローは当初3年間は20減少し、続く3年間は益税を上回る50減少することとなります。

一方、左ページ❷のように適格請求書発行事業者となって売り手の経過措置を適用すると、当初3年間のみ売上に含まれる消費税額の20％を納税することになり、キャッシュ・フローは20の減少、経過措置終了後は納税額は40となります。

このため、キャッシュ・フローから見ると、適格請求書発行事業者となることを選択するほうがキャッシュ・フローの減少が少ないと考えられます。

経過措置終了後

経過措置終了後は、免税事業者に留まる場合は最大で売上に含まれる消費税額の100％の値下げが要求される可能性があります（左ページの場合、100のキャッシュ・フロー減少）。

一方、適格請求書発行事業者となる場合（経過措置終了後は左ページ❷は選択できない）には、益税部分の納税が必要となります（左ページの場合、40のキャッシュ・フロー減少）。

したがって、経過措置終了後は、原則として課税事業者となり、適格請求書発行事業者になることが望ましいかもしれません。

益税が少ない場合の実例

❶売り手が免税事業者に留まり、買い手が経過措置の適用を受ける

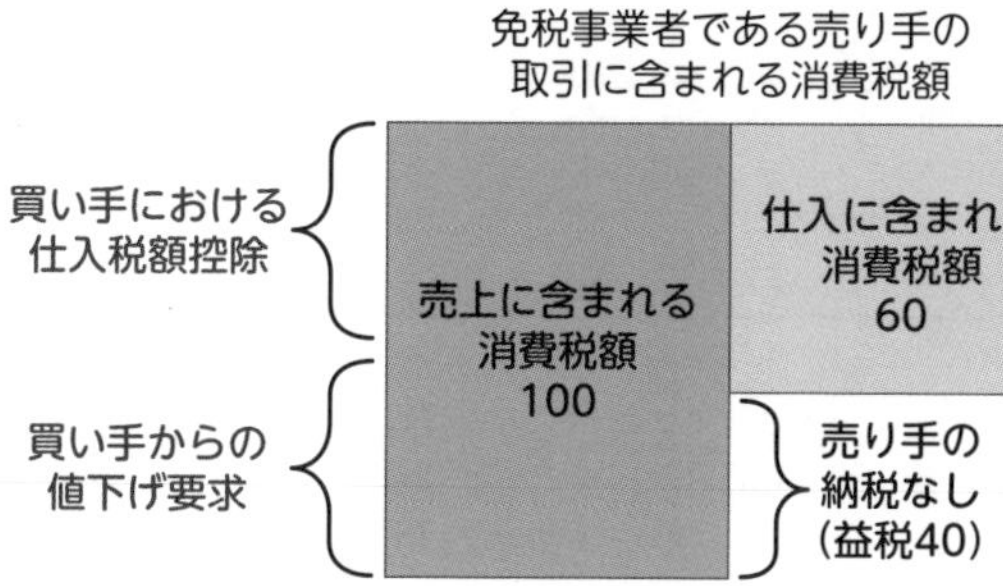

買い手からの値下げ要求の額は経過措置により変化し、キャッシュ・フローの変動は次のようになる。

2023年10月-2026年9月 買い手は仕入税額の80%を 控除できる	2026年10月-2029年9月 買い手は仕入税額の50% を控除できる	2029年10月以降 買い手は仕入税額控除が できない
▲20 (値下げ要求100×20%＝20)	▲50 (値下げ要求100×50%＝50)	▲100 (値下げ要求100※)

※優越的地位の濫用については便宜上考慮しない。

❷売り手が課税・適格請求書発行事業者となり、売り手が経過措置の適用を受ける

(令和５年度税制改正大綱より)

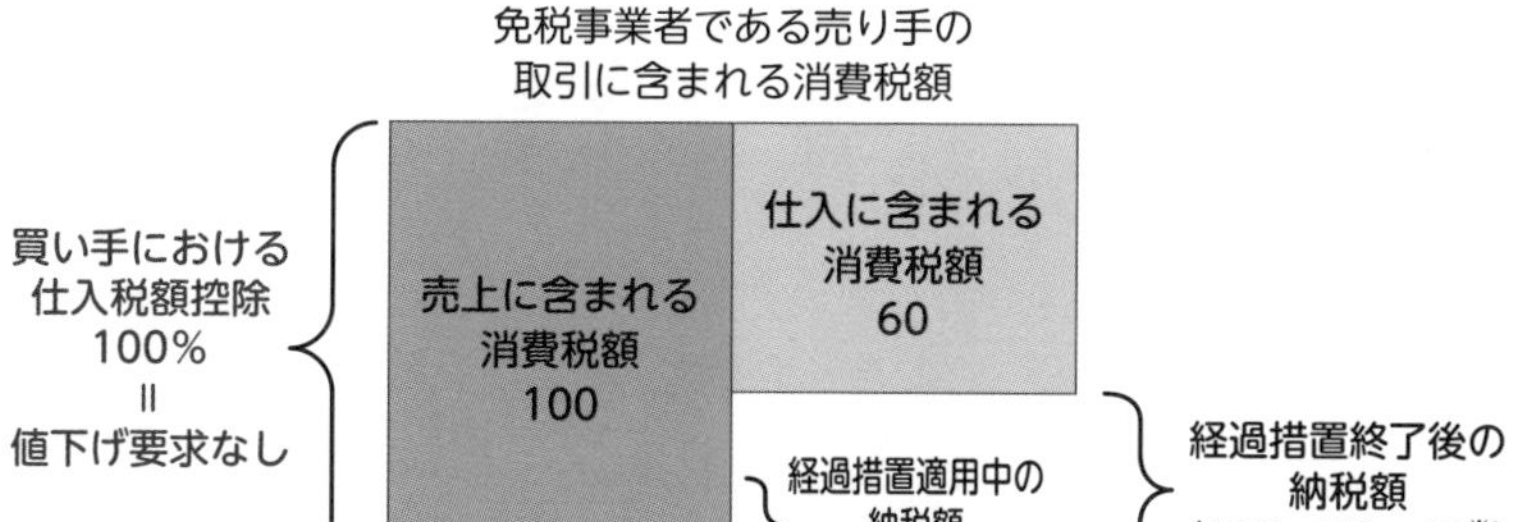

買い手はインボイスを受け取ることができるため値下げ要求について考慮する必要がなく、キャッシュ・フローは次のようになる。

2023年10月-2026年9月 売り手の経過措置がある	2026年10月以降 売り手の経過措置がない
▲20 (納税額)	▲40 (納税額※)

※原則課税方式で計算することが前提。

はみ出しメモ　課税売上割合は、一定の場合において従業員の数などを用いた「課税売上割合に準ずる割合」を使用して計算することがある。

12 簡易課税方式のメリットとデメリット

課税方式の選択

課税事業者となる場合、原則課税方式と簡易課税方式のいずれの課税方式を選択するかが問題となります。

すでに見たように、原則課税においては、売上・仕入両取引において、各取引の課税区分（課税対象、非課税、不課税等の別）を処理し、課税売上割合を算定し、全額控除ができない場合は個別対応方式と一括比例配分方式の両方式による算定を行い、最終的な税額を定めることとなります。

一方、簡易課税においては、売上高に業種別に定めたみなし仕入率を乗じて仕入税額とできることから、仕入取引に係る消費税の処理は大幅に軽減されます。

したがって、**可能であれば、簡易課税を選択するほうが、事務の負担を大幅に軽減できます。**

簡易課税を選択する際の注意点

簡易課税を選択した場合は、消費税の還付は受けられません。また、簡易課税を選択した場合は2年間これを維持する必要があるため、近々、大きな額の仕入（設備投資等）により多額の仕入税額の発生を予定していて消費税の還付が見込まれる場合などは、原則課税との選択を慎重に検討する必要があります。

また、みなし仕入率適用のための業種判断が複雑化する可能性もあります。

例えば、店舗による飲食を営む事業者では、コロナ禍への対応としてテイクアウト、あるいは、デリバリーを開始するケースなども多いかと思いますが、それぞれの業種が異なるうえに、適用税率も異なるものとなります（左ページ参照）。

このため、簡易課税を選択した当初は、適用されるみなし仕入率や税率については専門家に確認することが望ましいです。

簡易課税方式のみなし仕入率

事業区分	みなし 仕入率	該当する事業
第1種事業	90%	・卸売業（加工を行わない）
第2種事業	80%	・小売業（加工を行わない） ・農業、林業、漁業（飲食料品の譲渡に係る事業）
第3種事業	70%	・農業、林業、漁業（飲食料品の譲渡に係る事業を除く） ・鉱業、建設業、製造業（製造小売業を含む） ・電気業、ガス業、熱供給業および水道業 ※ ただし、加工賃等を対価とする役務の提供を除く。
第4種事業	60%	・飲食店業等 （第1種事業、第2種事業、第3種事業、第5種事業および第6種事業以外の事業） ・第3種事業から除かれる加工賃その他これに類する料金を対価とする役務の提供を行う事業
第5種事業	50%	・運輸通信業 ・金融、保険業 ・サービス業（飲食店業に該当する事業を除く）
第6種事業	40%	・不動産業

●飲食業のケース

<table>
<tr><th colspan="2"></th><th>事業区分</th><th>適用税率</th></tr>
<tr><td colspan="2">店内飲食</td><td>第4種事業</td><td>標準税率（10%）</td></tr>
<tr><td colspan="2">ケータリング</td><td>第4種事業</td><td>標準税率（10%）（※3）</td></tr>
<tr><td colspan="2">テイクアウト</td><td>第3種事業（※1）</td><td>軽減税率（8%）</td></tr>
<tr><td rowspan="2">デリバリー</td><td>店内飲食設備あり</td><td>第4種事業（※2）</td><td rowspan="2">軽減税率（8%）（※3）</td></tr>
<tr><td>店内飲食設備なし</td><td>第3種事業（※1）</td></tr>
</table>

※1「店内飲食」を前提としないため、飲食業ではなく製造小売業と考えられる。
※2「店内飲食」としての事業のひとつであることから、飲食業と考えらえる。
※3「食事を提供」するか否かにより判断され、ケータリングは提供している、デリバリーはしていないと考えられる。

はみ出しメモ 不動産業のようにみなし仕入率の低いものについては、原則課税方式による場合との比較をしたうえでどちらの方式にするか選択が必要。

ちょっとひと息

COLUMN

消費税の税務調査

税務調査は、コロナ禍により調査件数が大幅に減少していましたが、今後は回復してくると思われます。消費税については、次のような点が調査されることになります。

①課税売上高

取引の「課税」「非課税」「不課税」の判定、また、課税売上高が適正かが調査されます。

②原則課税方式の場合

「非課税」「不課税」の取引を、課税取引として仕入税額控除対象としていないか。特に、給与、会費、交際費、旅費交通費等に誤りが多く見られることから、厳しく調査されるようです。なお、インボイス制度の実施後は、「インボイスが適切なものか」「保存方法が適切であるか」という視点からも税務調査が入る可能性があります。また、課税売上割合の計算の正確性も調査されます。

③簡易課税方式の場合

業種の判定が適切であるか。特に、飲食店でデリバリーやテイクアウトを新たに始めた場合は、業種の判定が複雑なため注意が必要です。みなし仕入率や税率が適切かも調査されます。

●国税庁による消費税の調査件数(コロナ禍前後の比較)

		調査件数	申告漏れ等	申告漏れ等の割合
個人	2019年度	約31,000件	約26,000件	約85%
	2020年度	約11,000件	約9,000件	約80%
法人	2019年度	約74,000件	約44,000件	約60%
	2020年度	約25,000件	約16,000件	約65%

第4章

ココから始める！
インボイス制度の基本

インボイスには、従来の請求書に加えて登録番号や税率など３つの事項を追加記載する必要があります。具体的なインボイスの記載方法も確認して、万全の備えができるようにしましょう！

01

インボイス制度開始で帳簿も変わるの?

帳簿への記載事項は今までと変わらない

インボイス制度への準備期間

消費税の納税額は、**課税売上の消費税額から課税仕入の消費税額を差し引いて計算されます（仕入税額控除）**。従来は、仕入税額控除を受けるために、仕入の事実を記載した帳簿と証拠書類の保存を条件とした「請求書等保存方式」が採用されていました。ただし、請求書等保存方式では、請求書等に適用税率と消費税額を記載することは義務付けられていませんでした。２０１９年10月1日からは消費税の軽減税率制度がスタートし、消費税には標準税率（10％）と軽減税率（８％）の２つの税率が混在することになりました。

実は、インボイス制度の導入もこのときに決まっていました。しかし、インボイス制度をすぐに開始することはせず、**複数の税率に対応した「区分記載請求書等保存方式」を採用**し、インボイス制度への準備期間（２０１９年10月から２０２３年９月まで）を設けたのです。

帳簿は従来どおり

準備期間が終わると、インボイス制度が開始されますが、帳簿の記載事項はこれまでの区分記載請求書等保存方式と変わりません。

帳簿には次の４つの事項を記載することになっています。

❶相手方の氏名または名称
❷取引年月日
❸取引内容（軽減税率対象の場合にはその旨）
❹支払った金額

帳簿の記載事項が変わらないので、その点においては事務作業の負担の増加などはないでしょう。

ただし、インボイス制度でインボイスの交付を受けずに、帳簿の記載だけで仕入税額控除を受けることができる場合（Ｐ１０６）があります。この場合、従来どおりの記載事項だけでは要件を満たさない場合があるので注意が必要です。

インボイス制度で変わるのは請求書

	2023年9月30日まで **区分記載請求書等保存方式**	2023年10月1日から **適格請求書等保存方式（インボイス制度）**
帳簿	一定の記載事項が記載された帳簿の保存	一定の記載事項が記載された帳簿の保存
請求書等	区分記載請求書等の保存	**適格請求書（インボイス）等の保存**

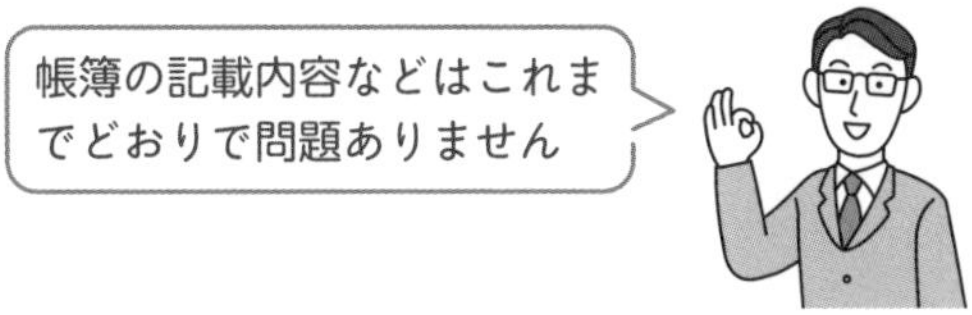
帳簿の記載内容などはこれまでどおりで問題ありません

区分記載請求書等保存方式

区分記載請求書等保存方式とは、2019年10月1日から消費税が10%に増額されると同時に、軽減税率8%が導入されたことで開始した制度です。インボイス制度開始前日の、2023年9月30日まで適用が続きます。その名のとおり、10%と8%の税率がそれぞれどの品目に適用されているか、わかるようにしたものです。

なお、軽減税率対象の商品を扱わない事業者では従来と変わらない請求書でよかったため、特に対応する必要はありませんでした。

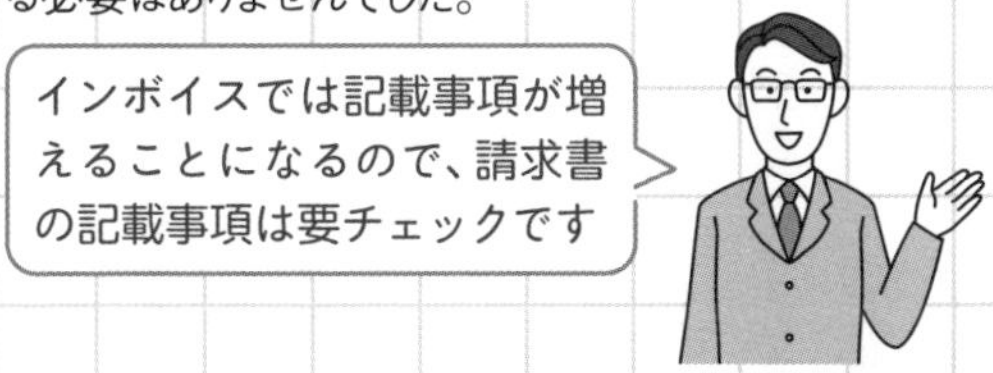
インボイスでは記載事項が増えることになるので、請求書の記載事項は要チェックです

用語　**軽減税率**…2019年10月1日から導入された消費税の税率。低所得者に対しての配慮から、飲食料品や定期購読の新聞について消費税率を8％としたもの。

02

インボイスには何を記載すればいいの？

登録番号や税率ごとに区分した金額の記載が必要

レシートもインボイスになる

適格請求書発行事業者が発行したインボイスといっても、**様式の定めはありません**。適格請求書という名称をつける必要もなく、手書きでも問題ありません。**請求書、納品書、領収書、レシートなどの名称を問わずに、次の記載事項を満たしているものはインボイスに該当します。**

❶適格請求書発行事業者の氏名または名称および登録番号
❷取引年月日
❸取引内容（軽減税率の対象品目である旨）
❹税率ごとに区分して合計した対価の額（税抜または税込）および適用税率
❺税率ごとに区分した消費税額等
❻書類の交付を受ける事業者の氏名または名称

区分記載請求書等保存方式における請求書等の記載事項に加え、❶、❹および❺の内容の記載が追加で求められるようになります。

名称や登録番号の省略が可能

インボイスを発行する際の記載事項としては、次のような柔軟な対応も可能であるとされています。

❶屋号による記載

記載する名称については、**「屋号」や「省略した名称」などの記載でも問題ないとされています**。ただし、インボイスに電話番号を記載するなど、交付する事業者を特定することができる場合に限られます。

❷取引先コードによる記載

取引先コードは、インボイス発行のための登録番号とひもづけて管理されています。**この取引先コードを記載することで、「適格請求書発行事業者の氏名または名称および登録番号」の記載があると認められる場合があります**。例えば、取引先コード表を取引先とのあいだで共有しており、取引先コードから登録番号が確認できるときなどが該当します。

インボイスの記載例

請求書

（株）○○ 御中　　　　XX年11月30日

11月分　240,000円（税込）

日付	品名	金額（税込）
11/1	米 ※	10,800円
11/1	豚肉 ※	32,400円
11/2	ティッシュペーパー	5,500円
⋮	⋮	⋮
合計		240,000円
10% 対象	132,000円	（消費税 12,000円）
8%対象	108,000円	（消費税 8,000円）

※軽減税率対象品目

△△社（株）

登録番号　T1234567890123

追加事項
税率ごとに区分して合計した対価の額（税抜または税込）および適用税率

追加事項
登録番号

追加事項
税率ごとに区分した消費税額等

インボイスに記載する名称については「屋号」や「取引先コード」を用いて省略することもできます

はみ出しメモ インボイス制度では、過去に消費税法の規定に違反して罰金以上の刑を受けている場合に、一定期間登録をすることができない「登録拒否要件」が定められている。

03

飲食店やタクシー業でもインボイスの発行が必要?

相手の名前を省略できる簡易インボイスの活用

レシートは一部の情報が省略可能

不特定多数の買い手にレシートなどを発行する小売業、飲食店業、タクシー業などでは、すばやい決済を求められます。インボイスの要件を満たすためといって、決済ごとに相手先の名前を記載することは非常に難しくなります。

そこで、**レシートなどをインボイスにする場合には、相手先の名前の記載を省略した適格簡易請求書（簡易インボイス）として扱うことができます。**簡易インボイスでは相手先の名前の省略以外にも、消費税額と適用税率のどちらか一方の記載のみ

スピード重視の簡易インボイス

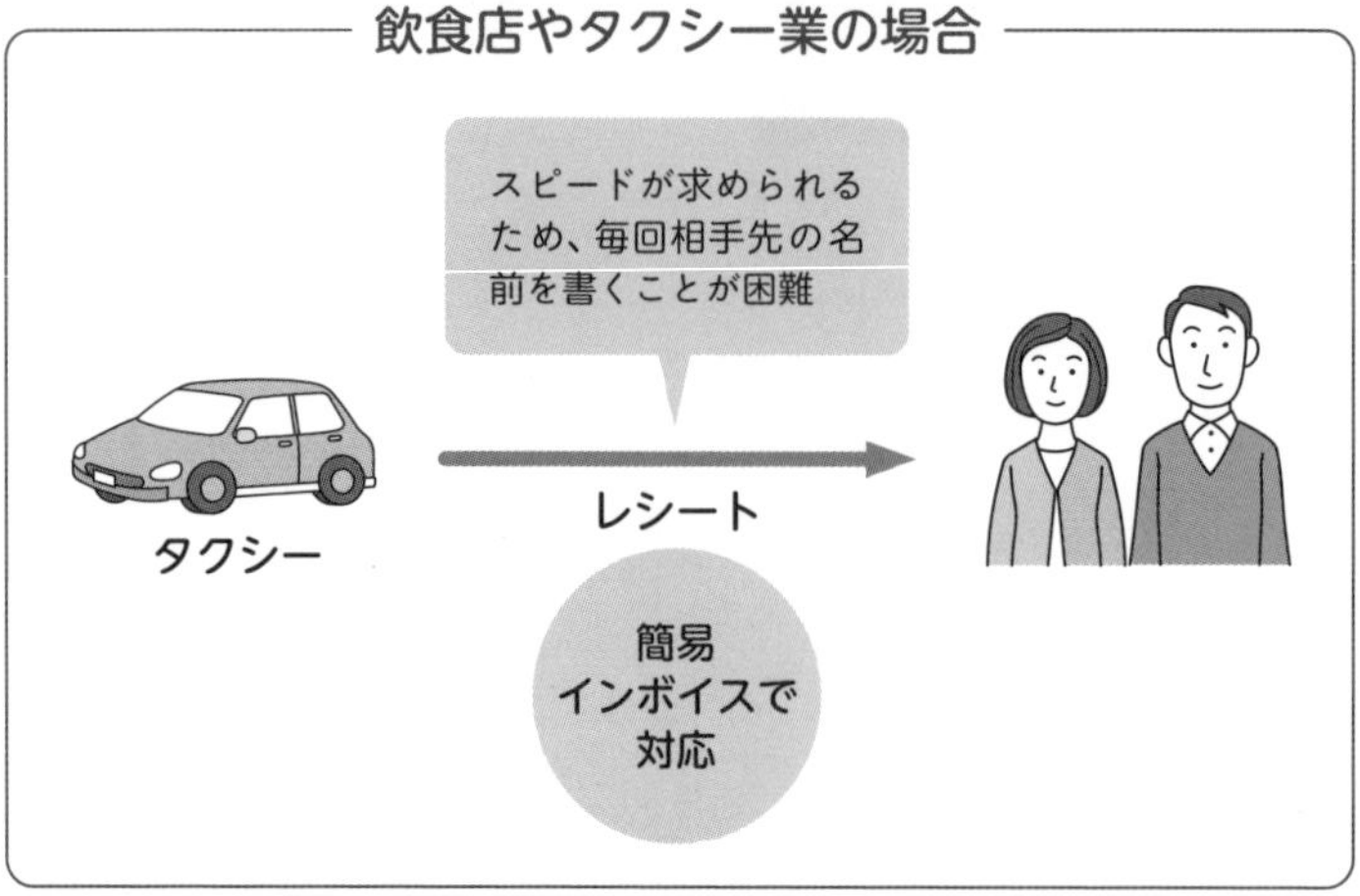
飲食店やタクシー業の場合
スピードが求められるため、毎回相手先の名前を書くことが困難
タクシー
レシート
簡易インボイスで対応

簡易インボイスを交付することができる事業者

①小売業
②飲食店業
③写真業
④旅行業
⑤タクシー業
⑥駐車場業（不特定かつ多数の者に対するものに限る）
⑦その他これらの事業に準ずる事業で不特定かつ多数の者に資産の譲渡等を行う事業

相手先名を省略した簡易インボイスの発行が認められています

簡易インボイスの記載事項

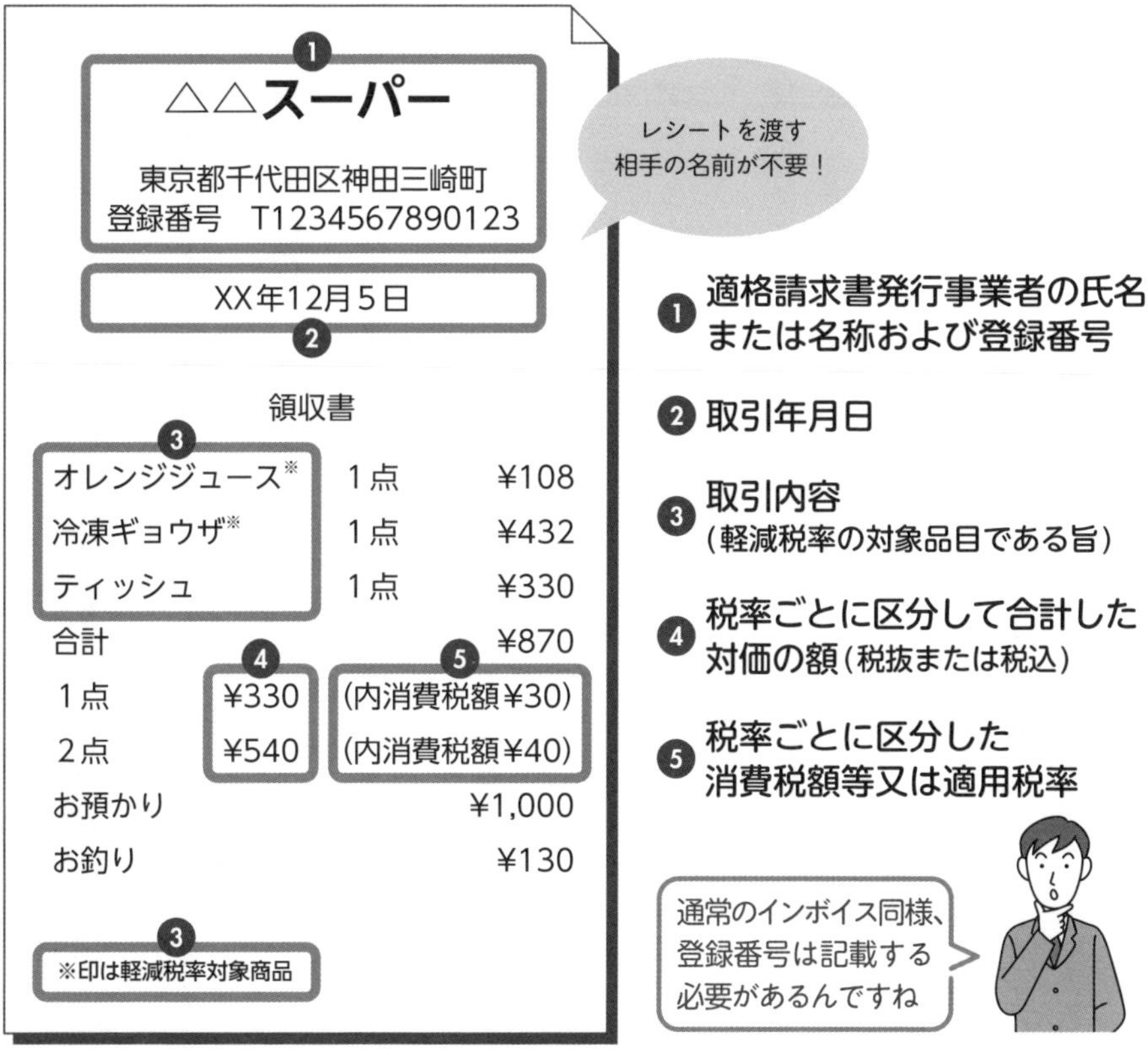

で問題ないとされています。

登録番号の記載は必須項目

簡易インボイスであれば、これまでのレシートのままでよいかというとそうではありません。**最低限記載が必要な事項は定められているため、これまでの内容に加えて、インボイス制度で導入された「登録番号」などについては、簡易インボイスでも記載が必要です。**

今までの領収書やレシートなどに、登録番号と税率など必要な項目をゴム判で押したり、手書きで書き加えたりすることによっても簡易インボイスとして扱うことは可能です。システムやレジから領収書やレシートなどを発行する場合、インボイス制度に対応したものに切り替えを行う必要があります。

はみ出しメモ　「不特定かつ多数の者に資産の譲渡等を行う事業」については、あらかじめ取引相手の名前などを確認しないようなもので、それが常態であるようなものなどが該当する。

04

発行者側ではインボイスの交付だけすればいいの？

インボイスを交付したときは保存が必要

インボイスの交付と保存

適格請求書発行事業者は、買い手から求められたときは、インボイスまたは簡易インボイスを交付しなければなりません。ただし、相手が一般の消費者である場合には、売り手はインボイスの交付を行う必要はありません。

ほかにも、値引きや返品などで売上に関する対価の返還などを行った場合には、「適格返還請求書（返還インボイス）」の交付をすることが求められています（Ｐ92）。

さらに、**発行事業者は交付したインボイスなどの写しを保存する必要があります**。なお、書類に代えて電子インボイス（Ｐ１０８）を提供した場合などには、データで保存をすることができます。

書類やデータの保存については、インボイスなどを交付した日の属する会計期間の末日の翌日から2か月を経過した日から7年間保存する必要があります。

インボイスの記載事項の誤り

発行したインボイスや簡易インボイス、適格返還請求書の記載に**誤りがあった場合には、修正したインボイスなどを発行する必要があります**。ただし、買い手側で仕入明細書をインボイスの代わりとしているとき（Ｐ98）は、修正したインボイスの発行が不要です。買い手が、誤りを修正した仕入明細書を作成して売り手の確認を得た場合には、売り手は改めて修正したインボイスを発行する必要はありません。

なお、適格請求書発行事業者がインボイスの記載事項を誤っても、罰則などの対象にはなりません。

ただし、適格請求書発行事業者でないにもかかわらず、架空の登録番号を記載して相手方をあざむくなど、意図して偽りの記載をしたインボイスを発行することは禁止されています。

インボイスを交付した場合には保存も必要

インボイス
発行事業者
相手先

相手が一般の消費者である場合にはインボイスの交付の必要はない。

発行事業者はインボイスを交付した場合には、その写しを保存する必要があり、電子データでの保存も認められている。
保存期間は、
交付した日の属する会計期間の末日の翌日から２か月を経過した日から7年間
とされている。

交付した側も保存が必要なんですね

納税に関するさまざまな罰則

消費税やそのほかの税金の納付については、さまざまな場合において税金が加算される罰則が設けられています。

①無申告加算税…申告を忘れていた場合など
②不納付加算税…源泉所得税の期日までに納付しなかった場合
③過少申告加算税…提出した申告書の納税額が過少だった場合
④重加算税…申告の際に隠ぺいなどした場合
⑤延滞税…税金の納期限までに納付されなかった場合

税金の納付に当たっては、まずは罰則を受けて追加の税金の支払が出ないようにすることが大切です。

インボイス制度においても、以下のような罰則があるので気をつけましょう。

禁止行為

- 適格請求書発行事業者でない者が、適格請求書発行事業者であると誤認される表示をした書類の発行をすること
- 適格請求書発行事業者が、偽りの記載をしたインボイスを発行すること

→

罰則

1年以下の懲役または50万円以下の罰金

はみ出しメモ インボイス制度の導入によって消費税率が変わることはないため、一般の消費者は制度の導入によって直接影響を受けることはない。

05

適格請求書発行事業者でもインボイスの発行が不要？

自動販売機ではインボイスを発行しなくてもOK

発行が免除される取引

買い手は仕入税額控除を受けるために、売り手に対してインボイスの発行を求めます。また、売り手の適格請求書発行事業者は、買い手の求めに応じてインボイスを発行する義務が課されています。

ただし、売り手の事業の性質によっては、すべての取引に対してインボイスの発行をすることが困難な場合があります。例えば、自動販売機での飲食料品の販売や、コインロッカーなどでは売り手がインボイスを発行することは難しいでしょう。

そこで、**すべての取引に対して義務を課さず、一部の取引については売り手のインボイスの発行義務を免除することとしています**。

この場合、インボイスの発行が不要とされる取引については、金額が3万円未満の取引であることなどが条件として加えられています。

発行が免除される金額の考え方

インボイスの発行義務が免除される取引については、公共交通機関の運賃も含まれます。このとき、1人当たりの金額が3万円未満であっても、複数人分を購入すると3万円以上となることがあります。

この金額の判定については、「**1回の取引の税込価額が3万円未満かどうかで判定**」することとされています。1人当たりの金額、切符1枚ごとの金額、月まとめの金額などで判定はしません。

例えば、片道1万円の切符を4人分購入した場合、合計は4万円です。領収書には、4万円と記載されることになります。この場合には、**取引は3万円以上に該当することになるため、売り手はインボイスを発行する義務があります**。

買い手についても、3万円以上の取引であるため、交付を受けたインボイスを保存しなければ、仕入税額控除が受けられなくなります。

インボイスの発行と保存が不要な取引

インボイスの交付義務が免除されるもの

①3万円未満の公共交通機関（船舶、バスまたは鉄道）による旅客の運送
②3万円未満の自動販売機・自動サービス機による商品の販売等
③郵便切手を対価とする郵便サービス
（郵便ポストに差し出されたものに限る）
④出荷者が卸売市場において行う生鮮食料品等の譲渡
（出荷者から委託を受けた受託者が卸売業務として行うものに限る）
⑤生産者が農協、漁協、森林組合等に委託して行う農林水産物の譲渡
（無条件委託方式かつ共同計算方式による場合に限る）

※①〜③は買い手側においてインボイスの保存が免除される。

同じ郵便でも差し出し場所で変わります

自動販売機・自動サービス機による販売とは？

機械装置によって商品提供と代金受領が自動で行われて、その機械装置のみで商品提供と代金受領がすべて完結するものをいう。具体的には、自動販売機による飲食料品の販売、コインロッカーやコインランドリーなどのサービスなどが該当する。

3万円未満の取引でも
・セルフレジ
・コインパーキング
・自動券売機
の場合はインボイスの発行が必要。

3万円未満の公共交通機関の取引の考え方とは？

インボイスの発行が免除される取引について、3万円未満の判定は1人ごとに判断しない。1回の取引ごとの税込価額が3万円未満かどうかで判断。切符の購入においては、4人分をまとめて購入して4万円の支払の場合には、インボイスの発行義務がある。

1人当たり、切符1枚当たり、月まとめなどの単位ではなく、「1回の取引」での金額で判定される。

はみ出しメモ　特別急行料金、急行料金および寝台料金などは、公共交通機関特例の対象だが、入場料金や手回り品料金など直接「旅客の運送」にかかる料金でないものは対象外。

06

適格請求書発行事業者の登録申請はいつすればいいの?

制度の開始と同時に発行するには今から登録が必要

制度開始前に登録する

適格請求書発行事業者になるための、登録申請は2021年10月1日から始まっています。そして、**2023年10月1日の、インボイス制度開始と同時にインボイスを発行するためには、2023年9月30日までに「適格請求書発行事業者の登録申請書」の提出が必要となります。**

当初は、原則として2023年3月31日までの申請が必要とされ、2023年4月以降に申請する場合には、2023年3月31日までに提出が困難な事情を記載する必要がありました。しかし「令和5年度税制改正大綱」によって、提出が困難な事情記載は求めない見通しになり、運用上は、2023年9月30日までに登録申請書を提出すれば、インボイス制度が開始する2023年10月1日から適格請求書発行事業者として登録されることになりました。

登録のための申請方法

適格請求書発行事業者になるためには、登録申請書を提出します。

提出すると、税務署の審査が行われます。登録が認められた場合には「適格請求書発行事業者登録簿」に記録されます。記録されると、通知を受け事業者の情報が公表されます。公表される情報は、インターネットで確認することができます。

なお、**登録申請書の提出方法はe-Taxを通じてインターネットで申請する方法と、書面により提出する方法があります。**

e-Taxによって申請する場合にはパソコン、スマートフォン、タブレットでの申請が可能です。

国税庁は、e-Taxで申請された場合には、登録までの期間が書面での申請より約3週間短くなるとしています。**書面で申請する場合、各国税局に設置されたインボイス登録センターに送付します。**誤って税務署に送付しないようにしましょう。

登録申請書の提出スケジュール

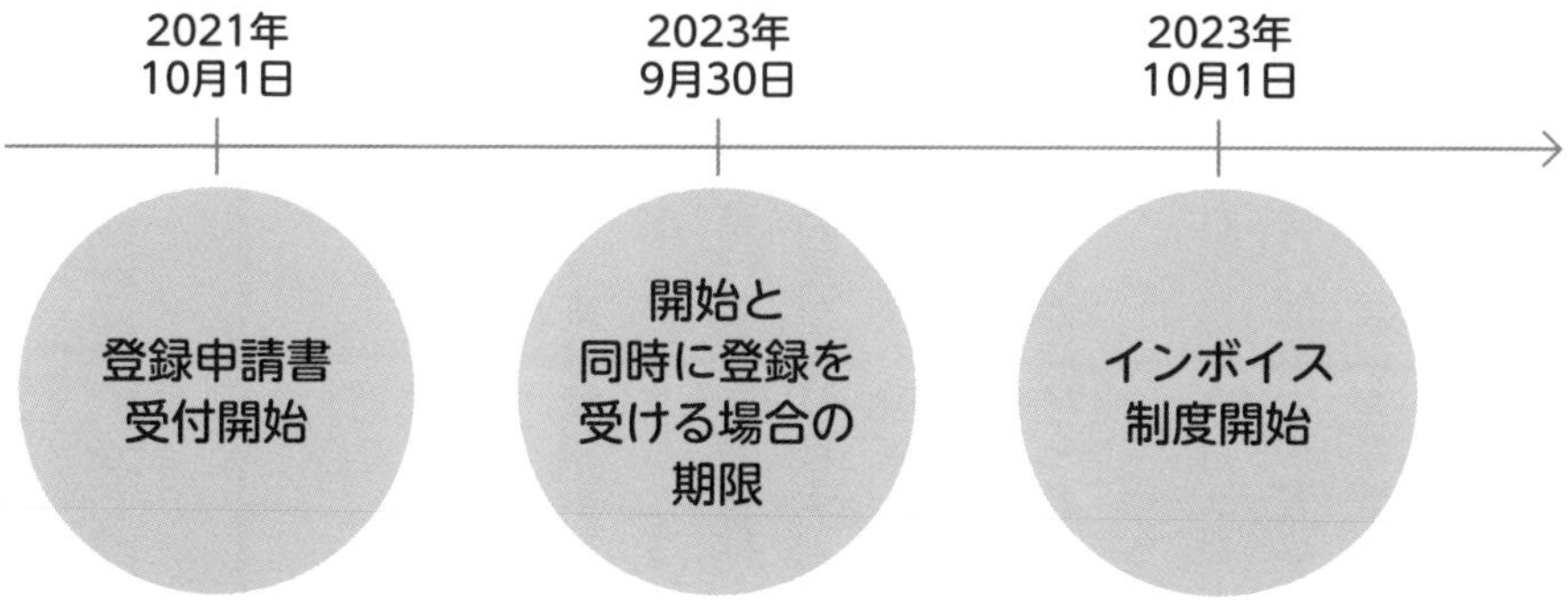

登録申請の手続きの流れ

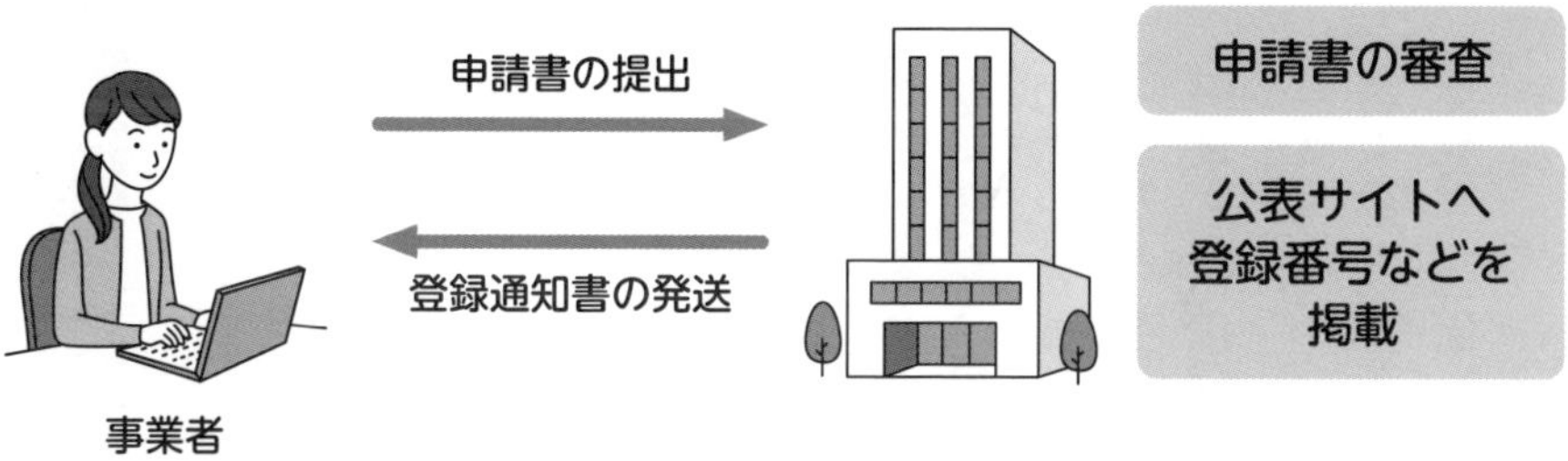

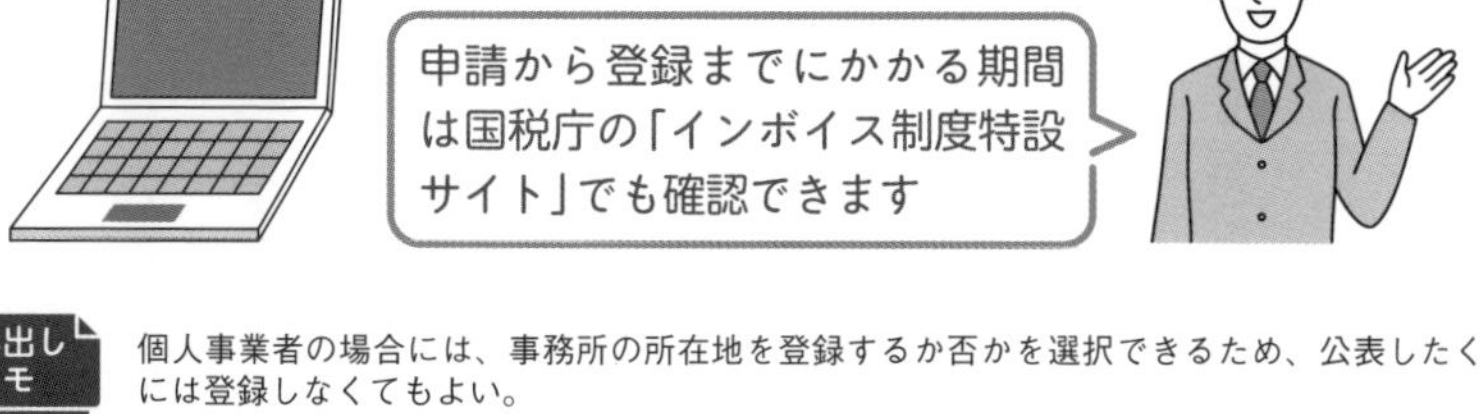

はみ出しメモ　個人事業者の場合には、事務所の所在地を登録するか否かを選択できるため、公表したくない場合には登録しなくてもよい。

07

免税事業者は今すぐ課税事業者にならなければダメ？

免税事業者のための届出書の提出期限の特例

提出書類の特例

免税事業者が適格請求書発行事業者になるためには、**本来は課税事業者選択届出書を提出（P38）したうえで、適格請求書発行事業者の登録申請書を提出する必要があります。**

ただし、インボイス制度の開始に当たっては、**課税事業者選択届出書の提出を不要とする特例が設けられています。**

免税事業者は２０２３年９月30日までに適格請求書発行事業者の登録申請書を提出すれば、２０２３年10月１日に適格請求書発行事業者として登録されて、インボイスの発行が可能になります。また、２０２３年10月１日から消費税の納税義務がある課税事業者となります。

特例は２０２９年まで

免税事業者は２０２３年10月１日から２０２９年９月30日までの属する課税期間中である場合は、課税事業者選択届出書を提出しなくても、適格請求書発行事業者として登録を受けることができます。

本来、免税事業者が課税事業者になるためには、課税期間の初日の前日までに課税事業者選択届出書を提出する必要がありました。

この場合には、課税期間の途中に免税事業者が課税事業者になって適格請求書発行事業者になろうと考えても、その課税期間中にはインボイスの発行事業者になることはできないことになってしまいます。

特例の期間においては、**課税期間の途中であっても適格請求書発行事業者の登録申請書を提出して、登録を受けると、登録日からインボイスの発行が可能になります。**

ただし、登録申請書には申請書提出日から15日以後の日を登録希望日として記載する必要があります。そのため、申請してすぐにインボイスの発行が可能となるわけではありません。

課税事業者選択届出書を提出しなくてもOK

本来

課税事業者選択届出書

適格請求書発行事業者の登録申請書

本来は２種類の書類を提出することでインボイスを発行することができるようになります

特例

適格請求書発行事業者の登録申請書

特例の期間中であれば課税事業者選択届出書の提出をせずに、適格請求書発行事業者の登録ができます

申請書を提出する期限の特例

インボイスの発行は課税事業者にならないとできないので来期からなんですね

本来

課税事業者選択届出書　→　インボイスの発行が可能

〈今期〉	〈来期〉
免税事業者のまま	課税事業者になる
課税事業者選択届出書を提出しても、インボイスの発行は不可	課税事業者になったので、インボイスの発行が可能

特例では登録日から課税事業者となりインボイスの発行が可能なのか

特例

登録申請書　→　インボイスの発行が可能

〈今期〉	〈来期〉
途中から課税事業者	課税事業者
登録申請書を提出し登録されれば、登録日から課税事業者となり、インボイスの発行が可能	

はみ出しメモ　2023年9月30日までの申請はインボイス制度が開始する2023年10月1日を登録開始日として登録されることが「令和５年度税制改正の大綱」の閣議で決議された。

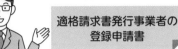

08

簡易課税制度を受ける場合にはいつまでに届出が必要？

免税事業者は簡易課税制度選択の特例も受けられる

２０２３年10月１日からの適用

簡易課税制度は、小規模な事業者の事務負担の軽減を目的として、届出を行った事業者に対し、簡易化された仕入控除税額の計算を認めるという制度です。

免税事業者のなかには、適格請求書発行事業者に登録する際に、簡易課税制度の選択の手続きをすることも考えられます。

本来、簡易課税の適用を受けるには、その適用を受ける課税期間の初日の前日までに簡易課税制度選択届出書を提出しなければなりません。

ただし、インボイス制度の開始に当たって、２０２３年10月１日から適格請求書発行事業者となる場合に、２０２３年10月１日の属する課税期間中に簡易課税制度選択届出書を提出すれば、２０２３年10月１日から簡易課税制度の適用を受けることができます。

つまり、個人事業者の場合は、課税期間が１月１日～12月31日であるため、２０２３年12月31日までの提出で簡易課税制度の適用が２０２３年10月１日から受けられます。

もし、この特例がなければ、簡易課税制度選択届出書は２０２２年12月31日までに提出する必要がありました。

特例の期間は２０２９年まで

免税事業者は２０２９年９月30日までの日の属する課税期間に、適格請求書発行事業者の登録をした場合、**登録した課税期間中に簡易課税制度選択届出書を提出することで、その課税期間中に簡易課税の適用を受けることが可能です。**

なお、簡易課税制度の申請期日の特例は免税事業者の特例のため、課税事業者は適用できません。また、この特例を受ける場合には、簡易課税制度選択届出書に提出時期の特例の適用を受ける旨を記載する必要があります。

本来の簡易課税制度選択届出書の提出期限

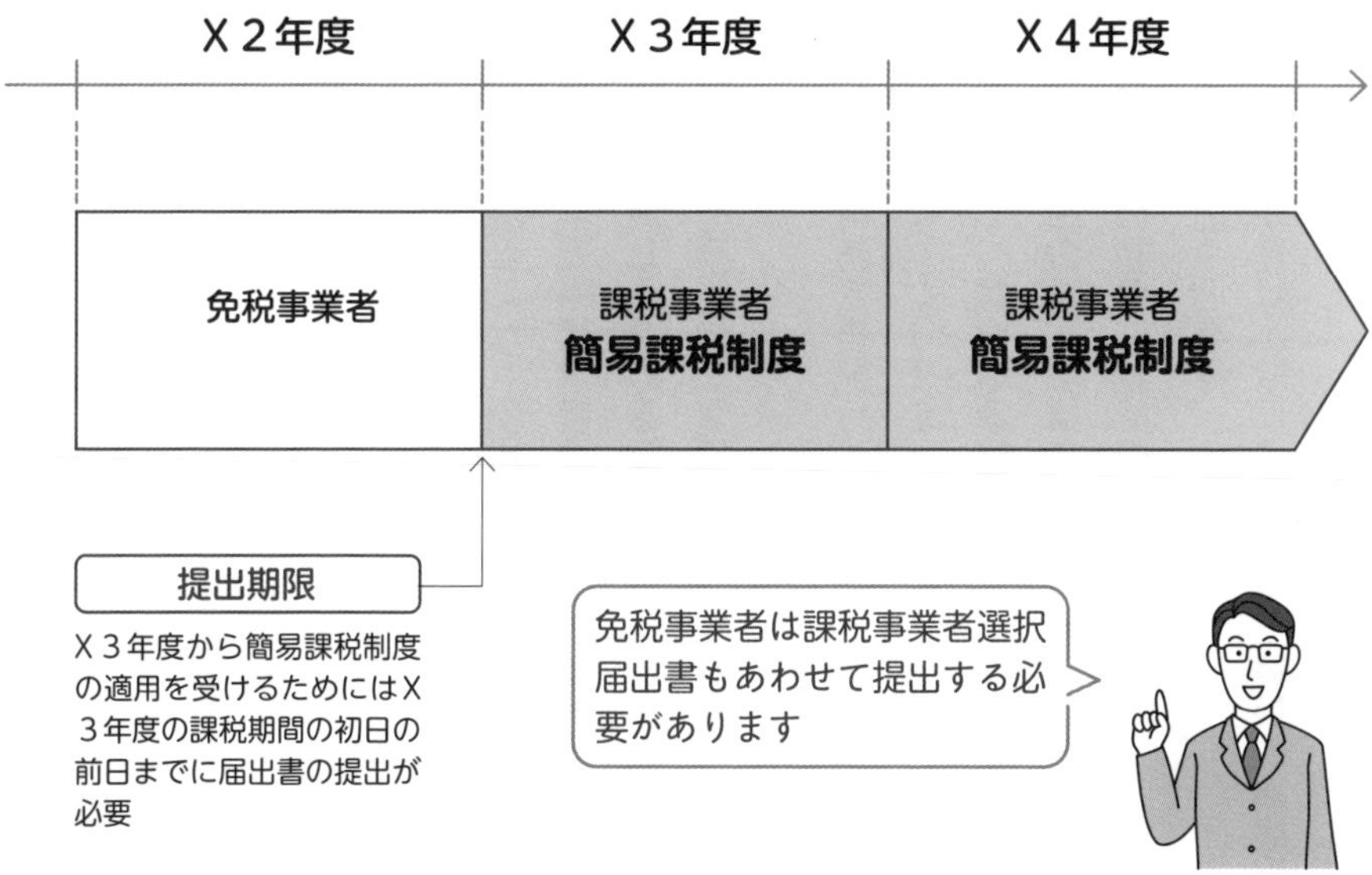
X２年度
X３年度
X４年度
免税事業者
課税事業者
簡易課税制度
課税事業者
簡易課税制度
提出期限
X３年度から簡易課税制度の適用を受けるためにはX３年度の課税期間の初日の前日までに届出書の提出が必要
免税事業者は課税事業者選択届出書もあわせて提出する必要があります

特例期間中の簡易課税制度選択届出書の提出期限

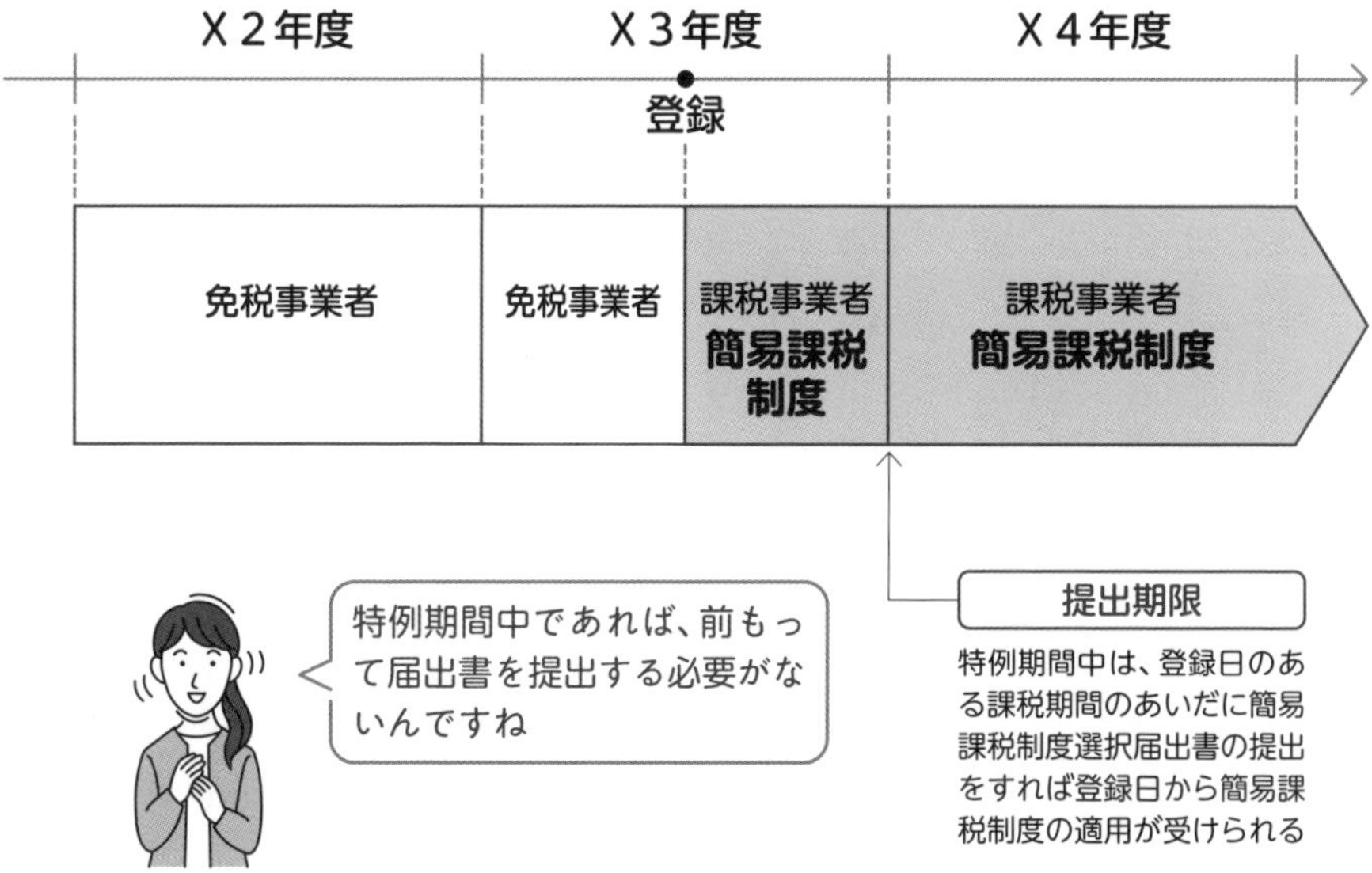
X２年度
X３年度
X４年度
登録
免税事業者
免税事業者
課税事業者
簡易課税制度
課税事業者
簡易課税制度
提出期限
特例期間中は、登録日のある課税期間のあいだに簡易課税制度選択届出書の提出をすれば登録日から簡易課税制度の適用が受けられる
特例期間中であれば、前もって届出書を提出する必要がないんですね

はみ出しメモ 簡易課税制度の選択をやめる場合には「消費税簡易課税制度選択不適用届出書」の提出を、納税地の所轄税務署長に提出する必要がある。

09

適格請求書発行事業者の登録をやめることはできるの？

インボイス発行をやめるには届出書の提出が必要

登録の取消手続き

適格請求書発行事業者の登録後に登録を取りやめる場合には、**納税地の所轄税務署長に「適格請求書発行事業者の登録の取消しを求める旨の届出書」（登録取消届出書）を提出します。**

これにより、適格請求書発行事業者の登録の効力がなくなります。この場合、**原則として、登録取消届出書の提出があった日の属する課税期間の、翌課税期間の初日に登録の効力が失われることとなります。**つまり、翌年度からしか登録が取り消されません。

また、課税期間が終わる直前において登録取消届出書を提出した場合には、翌々課税期間からしか登録が取り消されないこととなっています。

具体的には、登録取消届出書を、その提出のあった日の属する課税期間の初日から起算して15日前の日から、その課税期間の末日までのあいだに提出した場合です。この場合、提出があった日の属する課税期間の翌々課税期間の初日に登録の効力が失われるとされています。

免税事業者に戻る場合の注意

登録取消届出書を提出すると適格請求書発行事業者としての義務はなくなりますが、課税事業者選択届出書を提出していた場合は、課税事業者として消費税の納税義務は残ることになります。

もし、基準期間の売上高が1千万円以下である場合に、再び免税事業者へと戻るには、登録取消届出書と「消費税課税事業者選択不適用届出書」を提出する必要があります。

登録取消届出書の提出のみでは、継続して課税事業者となっているため注意が必要です。

なお、消費税課税事業者選択不適用届出書は課税事業者の選択をやめる課税期間の初日の前日までに提出する必要があります。

届出書の翌課税期間から登録の効力がなくなる

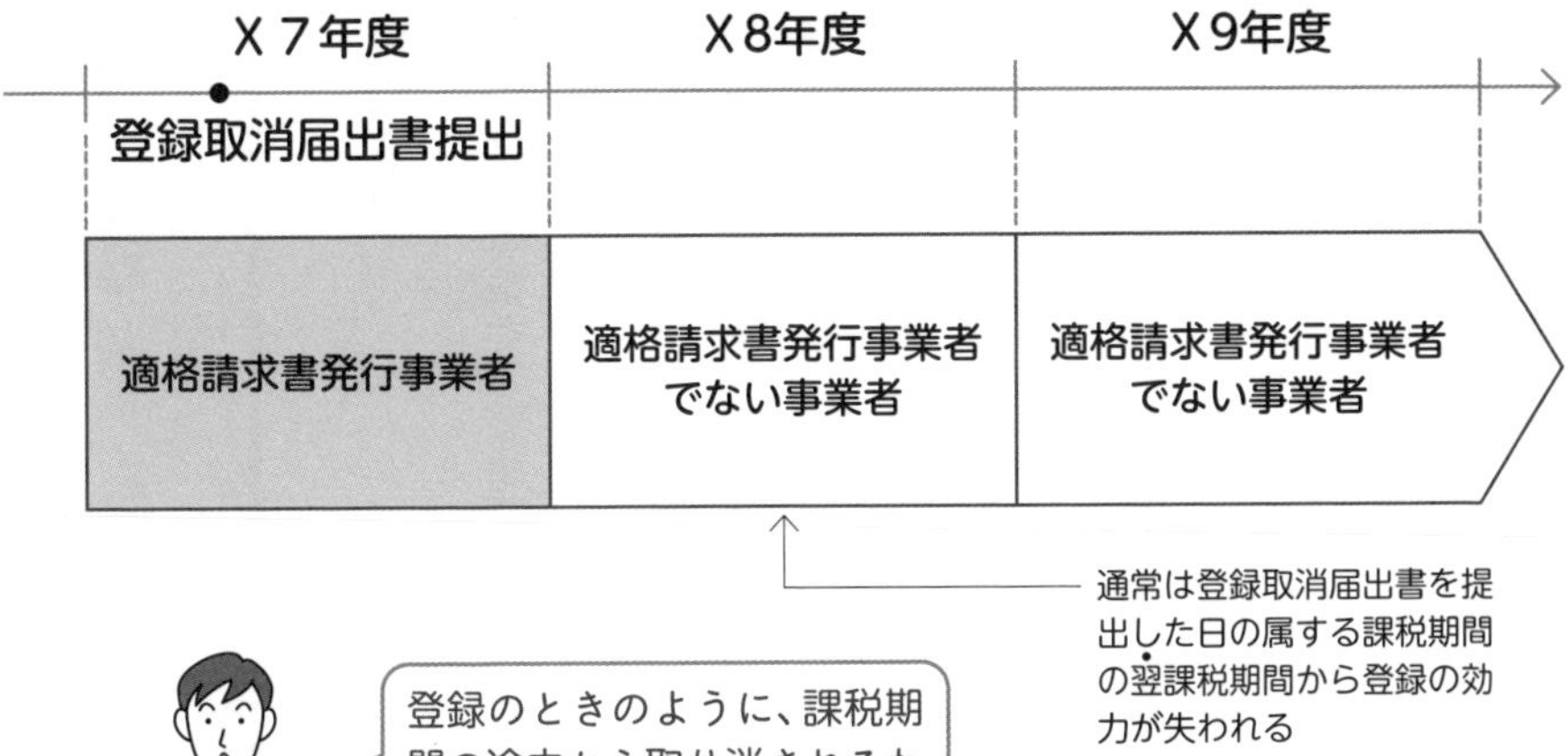
X７年度
X8年度
X9年度
登録取消届出書提出
適格請求書発行事業者
適格請求書発行事業者でない事業者
適格請求書発行事業者でない事業者
通常は登録取消届出書を提出した日の属する課税期間の翌課税期間から登録の効力が失われる

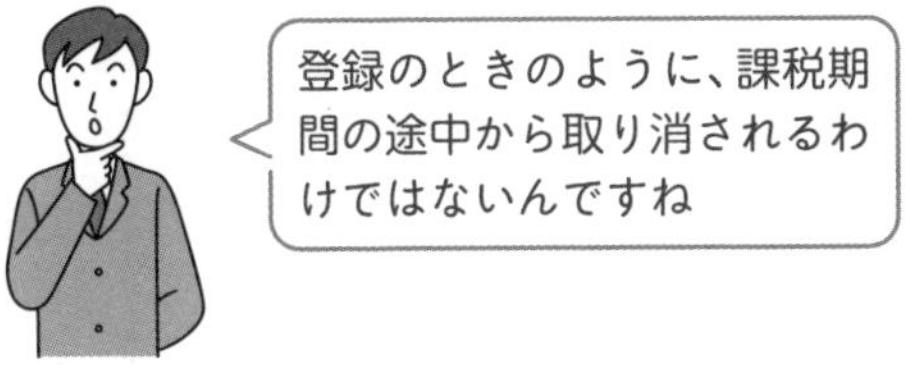
登録のときのように、課税期間の途中から取り消されるわけではないんですね

届出書の提出が課税期間末の間際だった場合

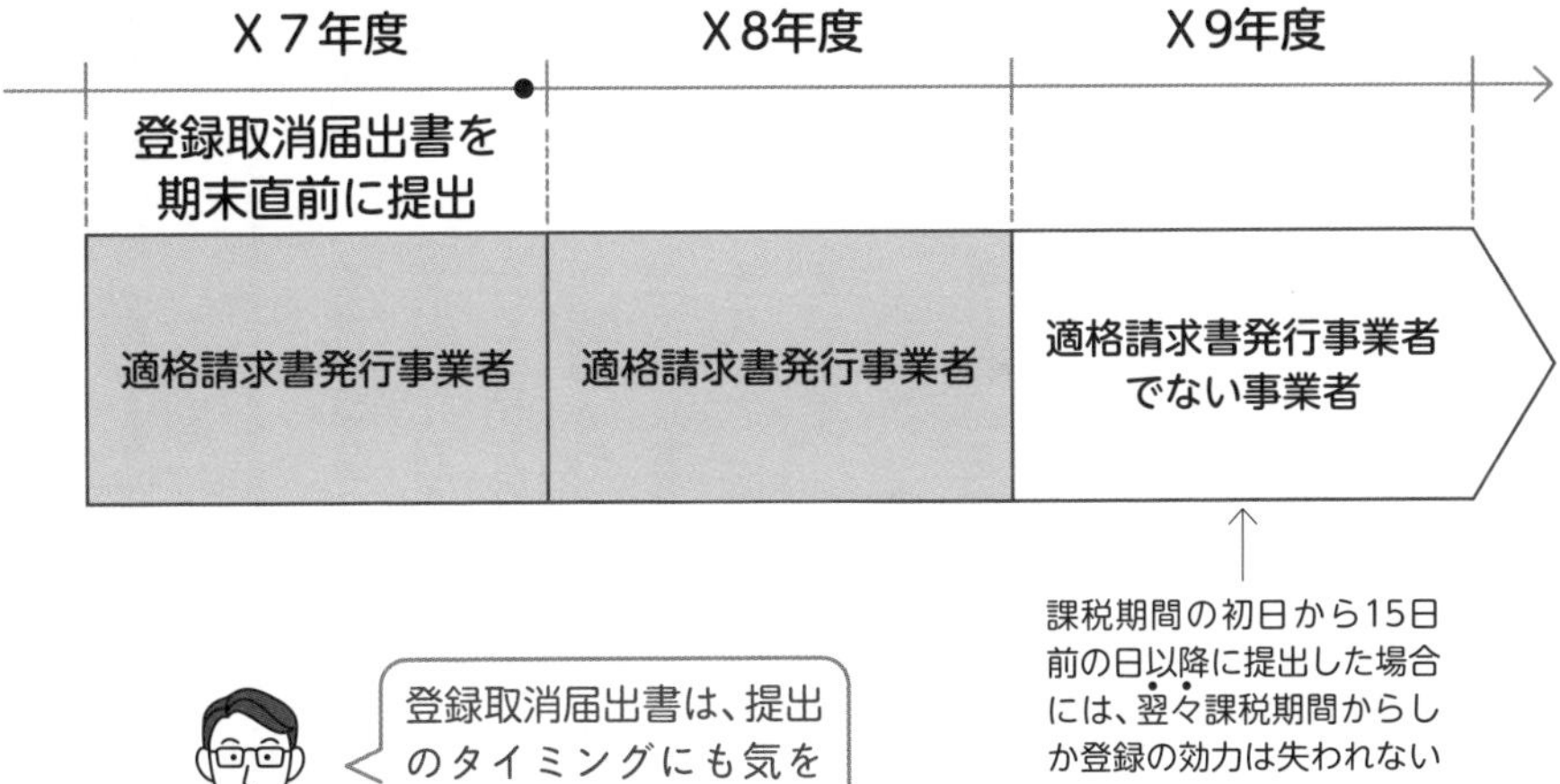
X７年度
X8年度
X9年度
登録取消届出書を期末直前に提出
適格請求書発行事業者
適格請求書発行事業者
適格請求書発行事業者でない事業者
課税期間の初日から15日前の日以降に提出した場合には、翌々課税期間からしか登録の効力は失われない

登録取消届出書は、提出のタイミングにも気をつけましょう

用語 **消費税課税事業者選択不適用届出書**…課税事業者選択届出書を提出している事業者が、課税事業者の選択をやめようとするときや事業を廃止した場合に提出する。

10

インボイスをもらっていても仕入税額控除できない場合がある？

インボイス制度は開始日の直後の取引に要注意

登録番号の取得

適格請求書発行事業者の登録番号は、税務署長の登録を受けた場合に事業者に通知されます。**法人も個人事業者も、数字13桁の頭にローマ字の「T」が付されます。**

13桁の数字は個人事業者の場合、新たに数字が付与されることになりますが、法人の場合は国税庁が公表している法人番号が使用されます。

インボイス発行の注意点

インボイス制度の開始前に適格請求書発行事業者の登録申請を行ったから準備完了というわけではないことに注意しましょう。インボイス制度の開始日から仕入税額控除を受けるためには、取引先が適格請求書発行事業者登録簿に登録された年月日が２０２３年10月１日になっていることが必要です。

特にインボイス制度の、前後に行う継続取引には気をつけましょう。

取引先が、うっかり期限までに適格請求書発行事業者の登録申請をしなかった場合、取引先が後日に適格請求書発行事業者として登録されたとしても、インボイス制度初日からの仕入税額控除の適用は受けられません。

例えば取引先の適格請求書発行事業者登録簿の登録年月日が２０２３年11月１日の場合には、取引先が発行した10月分の請求書は、登録番号が記載されていたとしても、それは適格請求書発行事業者としての効力を有していない請求書等になってしまいます。

一方で、すでに適格請求書発行事業者登録簿への登録がある場合には、２０２３年9月30日以前の請求書などに登録番号の記載をすることは問題ありません。

インボイス制度開始後のスムーズな移行のために、登録番号が明らかになった段階でレジやシステムの設定を済ませておきましょう。

適格請求書発行事業者になった場合の登録番号

法人番号を持っている事業者

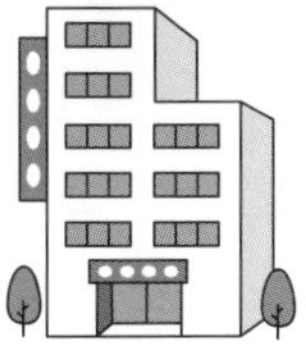

T+13桁の法人番号

従来の法人番号がそのままT以降の13桁の登録番号となる

そのほかの事業者
（個人事業者や人格のない社団など）

T+13桁の数字

マイナンバーは使用せず、法人番号とも重複しないようなものが発行される

インボイスが発行できるのは登録が完了してから

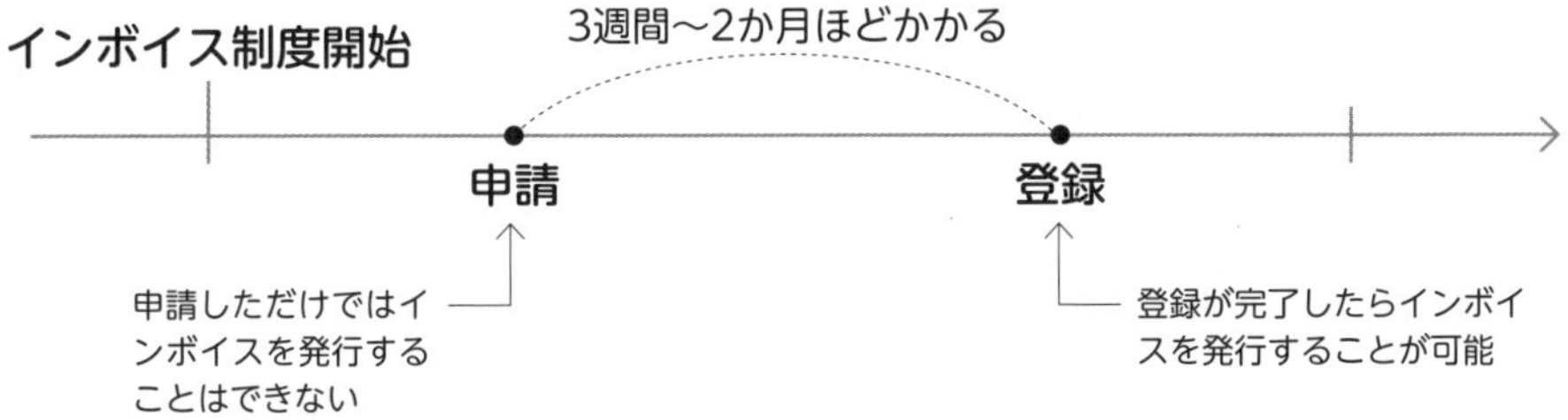

2023年9月30日まで	2023年10月1日から登録日前日まで	登録日以降
従来の請求書でOK	**インボイス交付不可**（仕入税額控除の要件を満たさない請求書の発行になる）	**インボイス交付可能**（仕入税額控除の要件を満たす請求書の発行が可能）

受取側は登録番号が記載してある請求書でも、場合によっては相手先の登録日の確認が必要でしょう

はみ出しメモ 登記をした法人などには法人番号が与えられる。法人登記上の所在地などに通知され、公表されている。法人番号からは、主たる事務所の所在地などもわかるようになっている。

11

取引相手が登録しているか調べられる便利なサイト

公表サイトを活用して取引先の登録確認が可能

取引先が適格請求書発行事業者でないと、買い手側は消費税の仕入税額控除を受けることができずに、消費税の納税額が増えてしまったなどの不利益を被る可能性があります。

したがって、取引先が適格請求書発行事業者かどうかの確認は仕入税額控除を受けるためには重要です。

公表サイトでの公開情報

取引先が、適格請求書発行事業者であるかどうかの情報は、国税庁のホームページの「適格請求書発行事業者公表サイト」に公表され、いつでも閲覧可能です。

取引先から受領した請求書等に記載された番号が登録番号であるか、記載された登録番号が取引時点で有効かを確認することができます。

個人事業者は屋号や事務所の所在地を公表することが可能です。ただし、屋号や事務所の所在地を公表する場合、適格請求書発行事業者の登録申請手続き時に、適格請求書発行事業者の公表事項の公表（変更）申出手続きが必要となります。登録申請と同時に提出するといいでしょう。

検索は登録番号で行う

公表サイトは、国税庁ホームページのトップページ内にある「適格請求書発行事業者公表サイト」のリンクからアクセスすることができます。

公表サイトでは、登録番号による検索が可能です。氏名または名称では、表示可能な字体に置き換えを行っている場合や同姓同名の場合など正しく検索できない可能性もあるため注意が必要です。

また、**適格請求書発行事業者情報の公表サイトへの掲載は、原則として、適格請求書発行事業者登録簿への登載日の翌日に行われます。**公表サイトでは、登録の取消や失効があった場合でも、7年間は適格請求書発行事業者情報と取消・失効年月日の情報が公表サイトに掲載されることになります。

公表サイトで適格請求書発行事業者を検索

●適格請求書発行事業者公表サイト(https://www.invoice-kohyo.nta.go.jp/)

トップページ

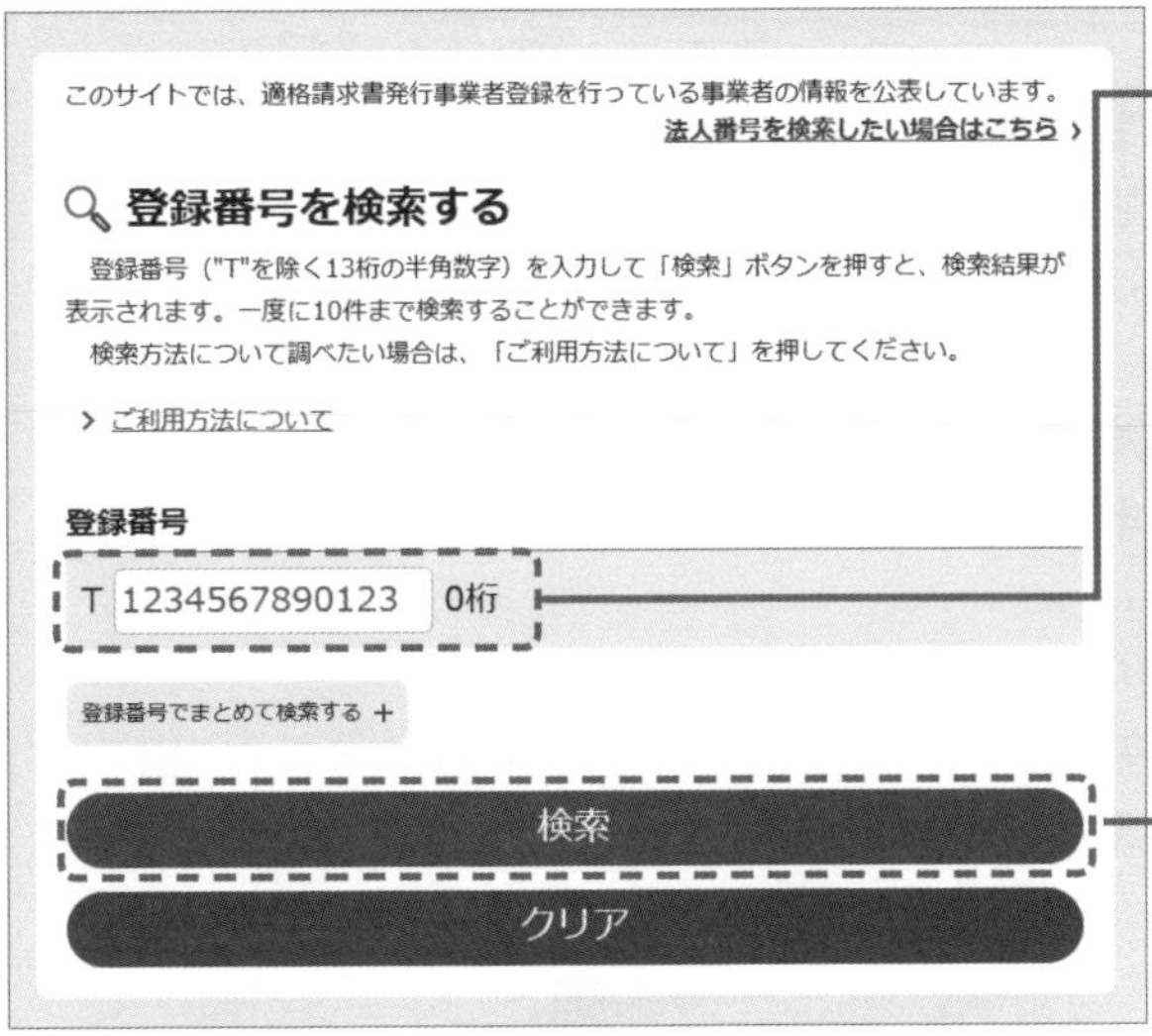

このサイトでは、適格請求書発行事業者登録を行っている事業者の情報を公表しています。
法人番号を検索したい場合はこちら ›
登録番号を検索する
登録番号（"T"を除く13桁の半角数字）を入力して「検索」ボタンを押すと、検索結果が表示されます。一度に10件まで検索することができます。
検索方法について調べたい場合は、「ご利用方法について」を押してください。
› ご利用方法について
登録番号
T 1234567890123 0桁
登録番号でまとめて検索する ＋
検索
クリア

①検索したい
登録番号を入力

②検索をクリック

13桁の番号がわかればすぐに検索することが可能です

検索結果画面

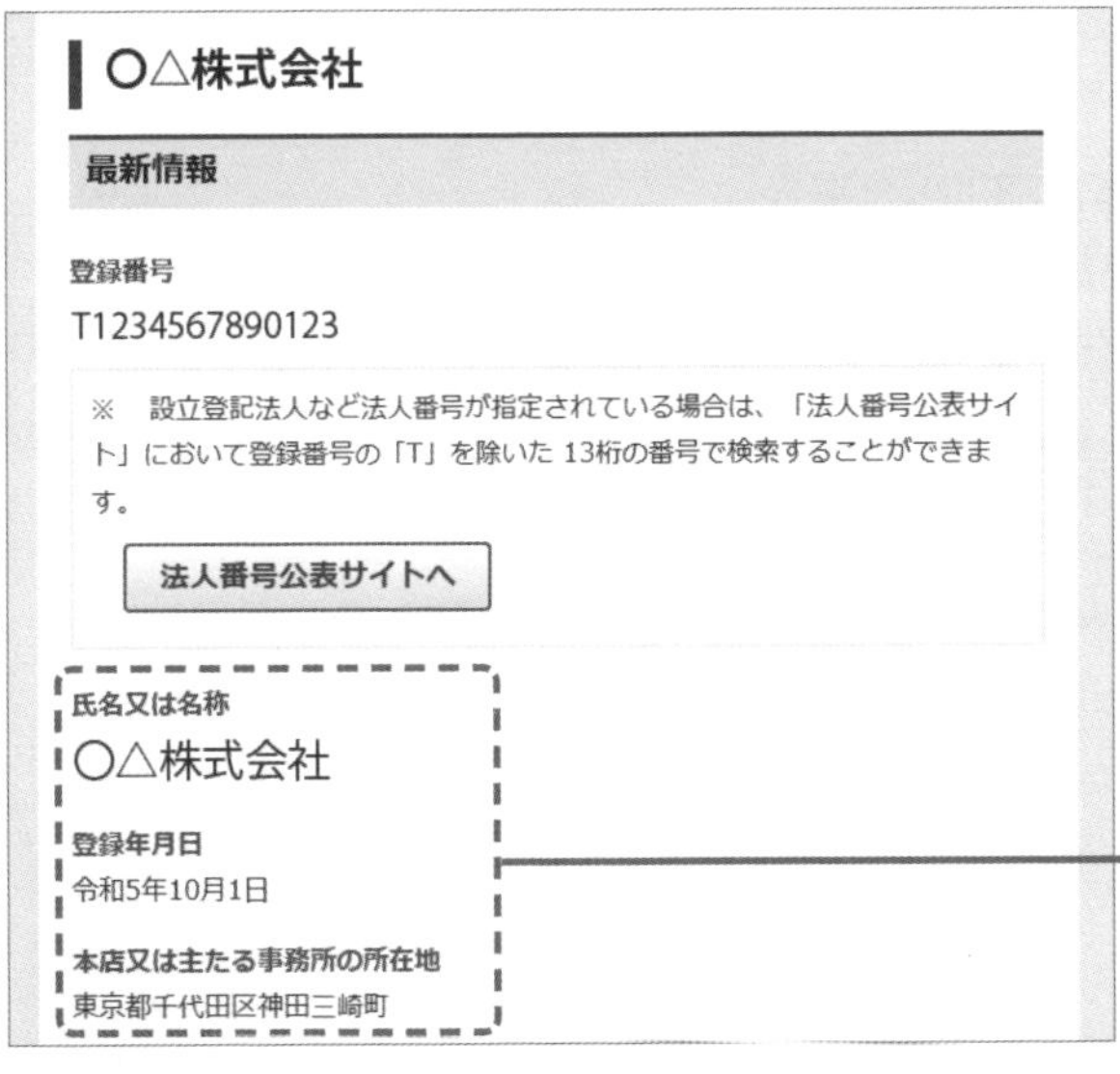

○△株式会社
最新情報
登録番号
T1234567890123
※ 設立登記法人など法人番号が指定されている場合は、「法人番号公表サイト」において登録番号の「T」を除いた13桁の番号で検索することができます。
法人番号公表サイトへ
氏名又は名称
○△株式会社
登録年月日
令和5年10月1日
本店又は主たる事務所の所在地
東京都千代田区神田三崎町

公表の申出が
あった場合には
住所や屋号が
表示される

登録年月日を調べることもできるので、確認が必要なときは公表サイトからも確認ができます

はみ出しメモ 国税庁には法人番号を検索できる「法人番号公表サイト」もある。法人番号公表サイトでは、商号や名称からも検索が可能になっている。

ちょっとひと息

COLUMN

相続手続きとは別に登録が必要！

適格請求書発行事業者であった個人事業者が死亡してしまった場合において、その相続人は事業を承継する場合でも登録を受け継ぐことはできません。加えて、2023年10月１日以前に登録申請をしていた個人事業者が死亡した場合も、この申請の効力は発生しません。

相続人である個人事業者は、「適格請求書発行事業者の死亡届出書」を提出し、改めて登録申請書を提出する必要があります。

●2023年10月1日以後に死亡した場合

実際は死亡した日の翌日から４か月間「みなし登録期間」として、相続人が適格請求書発行事業者の登録をしていなくてもインボイスを発行することができます。

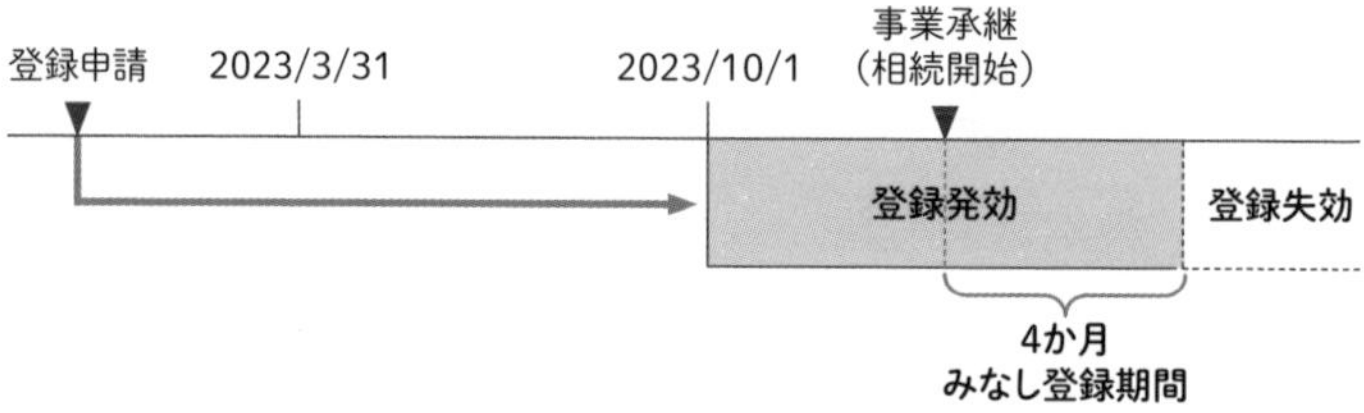

●2023年10月1日より前に死亡した場合

死亡した個人事業者が登録申請書を提出していたとしても、10月１日からの登録の効力は生じません。

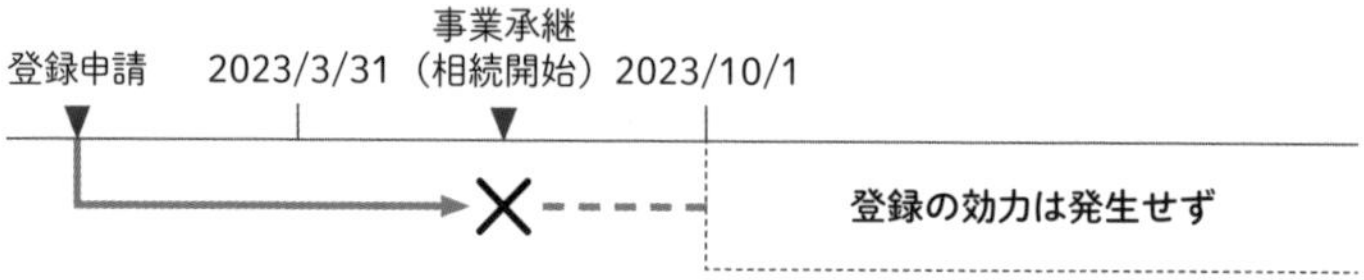

第5章

知って得する！ インボイス発行の応用

交付したインボイスに不備があった場合や、販売した商品の値引きをした場合に、従来の請求書と同じように対応できないのがインボイスです。いくつかのケースに分けて、インボイスの発行の形態を確認してみましょう。

01

不備や値引き・返品などがあったときにインボイスはどうする？

修正再交付や適格返還請求書の交付が必要になる

不備があった場合の対応

不備や間違いがあるインボイスを受け取った場合、どのように対応すればいいでしょうか。

すでに発行したインボイスの記載内容を修正する場合、売り手が修正したインボイスを発行します。

買い手が勝手に修正することはできないため、不備のあるインボイスに気づいた場合、売り手に対し、インボイスに不備があったことを伝える必要があります。

売り手は、誤りがあったインボイスの修正を次のいずれかの方法で行います。

❶誤りがあった事項を修正して改めて記載事項のすべてを記載したものを交付する方法

❷当初に交付したものとの関連性を明らかにし、修正した事項を明示したものを交付する方法

このように、**交付されたインボイスに不備や誤りがある場合は、買い手は売り手に対して修正したインボイスの交付をしてもらう必要があります。**

ただし、必ず売り手から修正したインボイスの交付を受けてもらう必要があるわけではありません。買い手が正しい内容を記載した仕入明細書などの書類を作成し、売り手に交付して確認を受けた場合には、その仕入明細書を、修正したインボイスとすることが認められています（P98）。

値引きや返品があった際の対応

売り手はインボイスの発行後、「売上に係る対価の返還等」が生じた際は、「適格返還請求書」を発行しなければなりません。

インボイス制度の開始以後、適格請求書発行事業者は適格返還請求書の交付義務も生じます。この「売上に係る対価の返還等」とは、売上の値引きや返品、販売奨励金の支払や売上割引なども含んでいます。

適格請求書に不備があった場合の修正

請求書

(株)○○御中　　XX年11月30日

11月分　240,000円(税込)

日付	品名	金額(税込)
11/1	米※	10,800円
11/1	豚肉※	32,400円
11/2	ティッシュペーパー	5,500円
⋮	⋮	⋮
合計		240,000円
10%対象	100,000円	(消費税 12,000円)
8%対象	108,000円	(消費税 8,000円)

※軽減税率対象品目

△△社(株)
登録番号　T1234567890123

修正箇所

請求書

(株)○○御中　　XX年12月5日

△△社(株)

関連性を明確にする

XX年11月30日付の請求書について。下記のとおり誤りがありましたので、修正いたします。

正

合計		
10%対象	132,000円	(消費税 12,000円)

誤

合計		
10%対象	100,000円	(消費税 12,000円)

(注) 当初の適格請求書とあわせて保存願います。

適格返還請求書の様式と記載事項

販売奨励金支払明細書

(株)○○御中　　❷ XX年11月30日

11月分　21,800円(税込)

日付	品名	奨励金金額(税込)
❸ 11/1	❹ 米※	1,080円
11/1	豚肉※	2,160円
11/2	ティッシュペーパー	3,300円
⋮	⋮	⋮
合計		21,800円
❺ 10%対象	11,000円	❻ (消費税 1,000円)
8%対象	10,800円	(消費税 800円)

❹ ※軽減税率対象品目

❶ △△社(株)
登録番号　T1234567890123

❶ 適格請求書発行事業者の氏名または名称および登録番号

❷ 対価の返還等を行う年月日

❸ 対価の返還等のもととなった取引の年月日

❹ 対価の返還等の取引内容(軽減税率の対象品目である旨)

❺ 対価の返還等の税抜価額または税込価額を税率ごとに区分して合計した金額

❻ 対価の返還等の金額に係る消費税額等または適用税率

はみ出しメモ　適格返還請求書は、売上に係る対価の返還等の税込価額が1万円未満である場合には、交付義務が免除される。

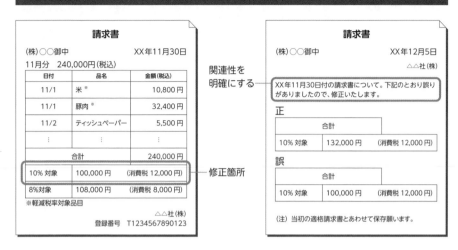

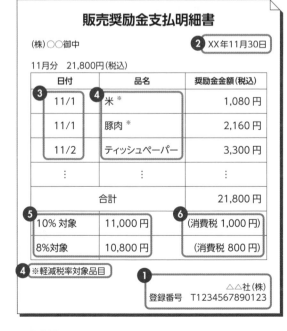

02

売り手負担の振込手数料の取り扱いはどうする?

振込手数料は値引きと考える方法で対応できる

売上値引きとして処理する

売上代金などを振込で支払う場合の「振込手数料」についての処理も、知っておく必要があります。

振込手数料は、通常は買い手負担となるのが一般的です。売り手の負担と定める場合、買い手は売上代金から振込手数料を差し引いた金額の振込をします。

この場合、**インボイス制度においては、振込手数料に相当する金額を売上の値引きと考える方法があります**。値引きと考える場合には、売り手は買い手に対して適格返還請求書（P92）を発行する必要があります。

適格返還請求書は、振込の都度または一定期間ごとに交付しなければなりません。なお、**適格返還請求書に代えて、振込手数料分は値引きであると記載したメールの送付による簡素な対応も可能です**。

また、買い手が作成する支払通知書等を適格返還請求書に代えることも可能です。売り手と買い手のあいだで合意があり、値引きに関する必要な事項が支払通知書等に記載されていれば、適格返還請求書を交付する必要はありません。

売り手の支払手数料として処理

振込手数料が売り手の負担で、買い手がその金額を差し引いて振込をした場合、**振込手数料に相当する金額を、売り手側で支払手数料として仕入税額控除の対象とすることもできます**。

この場合は、売り手が負担すべき振込手数料を買い手が立替えて、代金の決済時に精算して振込んでいると考えます。そのため、売り手が仕入税額控除を受けるために、買い手からインボイスを受領する必要があります。

しかし、この方法では、買い手の事務負担が増え煩雑になるため、買い手から協力を得るのが難しいことが考えられます。

値引きと考えて適格返還請求書を発行する場合

請求書（値引分）

（株）○○御中　　　　XX年12月5日

既請求金額について、下記のとおり値引きいたします。

値引額　　9,900円

品名	単価	数量	金額（税込）
値引き（振込手数料相当額） 消費税 10%	▲660円	15	▲9,900円
合計			▲9,900円

【備考】
XX年11月1日～11月30日請求分にかかる振込手数料相当額

△△社（株）
登録番号　T1234567890123

振込手数料相当額を値引きと考える場合に、取引回数の多い取引先であれば、このように1か月分などをまとめて、適格返還請求書を作成しても問題ありません

値引きについてメールを送付する場合の文面

TO:（株）○○
FROM:△△社（株）
件名　【△△社】振込手数料の件

（株）○○御中
11月5日付の請求に関して11月20日に19,340円のお振込みを確認いたしました。なお、請求書記載の金額20,000円との差額660円（消費税10%）については、振込手数料相当額として請求書記載の金額からの値引きといたします。
△△社（株）
登録番号T1234567890123

売り手側も買い手側も事務作業が増えそうですね

そうですね。どのような方法をとったとしても、これまでより事務作業が増えてしまうことになります

はみ出しメモ　買い手側が振込手数料を負担する場合には、振込手数料は買い手側の仕入税額控除の対象となる。振込の方法によって、インボイスの保存が必要。

03

端数は自由に処理してもいいの?

消費税額の端数処理の方法と複数書類での発行

端数処理は合計金額で行う

請求書

(株)○○御中　　　　　　XX年11月30日

△△社(株)

登録番号　T1234567890123

請求金額　182,135円(税込)

品名	単価	数量	金額（税抜）	消費税額
パン※	165	339	55,935	—
ジャム※	394	134	52,796	—
食器	228	154	35,112	—
フォーク	114	208	23,712	—
10% 対象			58,824	5,882
8%対象			108,731	8,698

※軽減税率対象

それぞれの行ごとに消費税額を計算し、端数処理をすることは認められない

58,824×10%
=5,882.4→5,882

108,731×8%
=8,698.48→8,698

インボイス制度では、インボイスごとにそれぞれの税率で1回ずつ端数処理を行うこととなり、品目ごとなどで端数処理はできません

端数処理は1回だけ

消費税の計算において、その税額に1円未満の端数が生じる場合があります。この端数については、消費税額の記載の必要がなかった区分記載請求書では、ルールが定められていませんでした。

一方、**インボイス制度においては消費税額の記載が必要になるため、端数処理のルールが定められています。**税率ごとに、端数処理は1回行うこととされています。

複数の書類による交付

インボイスは、必ずしも1枚の書

複数書類で記載事項を満たすこともできる

請求書

(株)○○御中　　　　XX年11月30日

△△社(株)

登録番号　T1234567890123

11月分(11/ 1～11/30)

請求金額　240,000円(税込)

納品書番号	金額(税込)
No.001	43,200円
No.002	13,200円
No.003	11,000円
⋮	⋮
10%対象	132,000円（消費税12,000円）
8%対象	108,000円（消費税8,000円）

No.003

No.002

No.001

納品書

XX年11月30日

(株)○○御中

△△社(株)

品名	金額(税込)
米※	10,800円
豚肉※	32,400円
—	—
合計	43,200円

※軽減税率対象品目

請求書と納品書をあわせて、インボイスの記載事項とされている項目(P70)が入っていれば問題ありません

類にすべての必要事項を記載する必要はありません。

例えば、月に何度も取引をする買い手に対しては、商品を送付する都度、納品書を発行し、請求書は月まとめで発行することがあります。

この場合に、請求書に納品書番号を記載すれば、買い手が記載事項のすべてを適正に認識することもできます。このように、**複数の書類全体でインボイスの記載事項を満たすことも可能です**。

ただし、複数の書類によってインボイスとする場合には、買い手は相手先ごとに保存すべき書類を整理する必要があります。また、売り手としても、どのような方法によってインボイスを発行するか、明示する必要があります。管理が複雑になることもあるため注意が必要です。

はみ出しメモ　納品書に「税率ごとに区分した消費税額等」を記載することにした場合には、請求書への記載は省略し、端数処理は納品書につき税率ごとに1回となる。

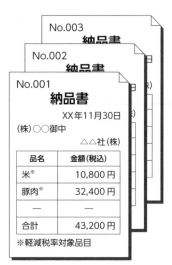

04

売り手がインボイスを交付しなくてもよい場合がある?

仕入明細書があれば売り手はインボイス交付不要

買い手が作成する仕入明細書

　商慣行上、売り手が請求書を発行せずに、買い手が仕入明細書を作成し、その内容に誤りがないことを確認することで、仕入明細書を請求書としていることもあります。このようなケースにおいて、**買い手が作成した仕入明細書に、インボイスに必要な事項が記載され、売り手の承認を受けた場合には、その仕入明細書を保存することで仕入税額控除の適用を受けることもできます。**

　売り手の承認を受ける方法としては、仕入明細書の書面に売り手の署名等をもらう方法、メールで確認し

仕入明細書をインボイスの代わりにする場合

仕入明細書

△△社(株) 御中
登録番号　T1234567890123　　　XX年11月30日

（売り手の登録番号を記載することになる）

11月分　240,000円(税込)

日付	品名	金額(税込)
11/1	米※	10,800円
11/1	豚肉※	32,400円
11/2	ティッシュペーパー	5,500円
⋮	⋮	⋮
支払金額合計		240,000円
10%対象	132,000円	(消費税 12,000円)
8%対象	108,000円	(消費税 8,000円)

※軽減税率対象品目

送付後、一定期間内に誤りのある旨の連絡がない場合には記載内容のとおり確認があったものといたします。

（売り手の確認を受ける必要がある）

(株)○○

記載事項

①仕入明細書の作成者の氏名または名称
②相手方の氏名または名称及び登録番号
③取引年月日
④取引内容(軽減税率の対象品目である旨)
⑤税率ごとに区分して合計した対価の額および適用税率
⑥税率ごとに区分した消費税額

適格返還請求書の内容も仕入明細書に入れる場合

仕入明細書

△△社（株）御中　　　　　　　　　XX年11月30日
登録番号　T1234567890123

11月分　238,370円（税込）

日付	品名	金額（税込）
11/1	米※	10,800円
11/1	豚肉※	32,400円
11/2	ティッシュペーパー	5,500円
⋮	⋮	⋮
11/15	スプーン（返品）（XX年10月仕入分）	▲550円
11/15	小麦（返品）（XX年10月仕入分）	▲1,080円

10%対象	仕入金額	132,000円（消費税12,000円）	返品金額	550円（消費税50円）
8%対象		108,000円（消費税8,000円）		1,080円（消費税80円）

※軽減税率対象品目

送付後、一定期間内に誤りのある旨の連絡がない場合には記載内容のとおり確認があったものといたします。

（株）○○

返品などの金額も明細書に記載する

適格返還請求書に記載が必要となる事項

継続して記載することを要件として仕入金額の欄に返品金額を合算して
131,450円（消費税11,950円）
106,920円（消費税7,920円）
と記載することもできます

た旨の返信を受け取る方法などがあります。取引のたびに確認を得なくても、例えば、一定期間内に連絡がなければ承認したものとみなすなどの文言を仕入明細書に記載する方法も認められます。

適格返還請求書も兼ねられる

買い手が仕入明細書を作成している場合には、適格返還請求書の交付も不要となることがあります。

通常、買い手が商品の返品などをした場合には、売り手から適格返還請求書の交付を受ける必要があります（P92）。しかし、**仕入明細書を作成している場合には、適格返還請求書に記載すべき事項をあわせて記載していれば適格返還請求書を交付してもらう必要はありません。**

はみ出しメモ　買い手が配送料などを売り手に請求する場合に、仕入明細書にインボイスの要件を満たすように必要事項を記入すれば、ひとつの書類で交付することが可能。

05

領収書が発行されない家賃などはどうするの？

契約書とセットでインボイスの要件が満たせる

契約書に必要事項を記載する

口座振替による家賃の支払などは、契約に基づいて決済が行われ、決済の都度、請求書や領収書が発行されないのが通常です。この場合、家賃支払についての請求書や領収書の保管がないため、仕入税額控除の要件を満たすことができません。

今までは、契約書と振込金受取書をセットで保存することで仕入税額控除の要件を満たすものとしての取り扱いがありました。

インボイス制度においても、インボイスに必要な記載事項はひとつの書類にすべて記載される必要はなく、複数の書類を組み合わせることで記載事項を満たすことが可能です。

家賃支払が口座振替などによって決済が行われる場合は、**契約書の記載事項と、預金通帳や振込金受取書などの取引年月日の記載があるものとセットで仕入税額控除の要件を満たすことが可能になります。**

ただし、この場合には、契約書に登録番号や税率区分ごとの消費税の金額と消費税率を記載するなどの工夫が必要になります。

追加事項は通知すればＯＫ

賃貸契約など２０２３年９月30日以前から継続して取引を行っている場合があります。この場合の契約書は、インボイスに必要な、登録番号や税率区分ごとの消費税額と消費税率の記載がありません。**そのため、必要な事項を追加記載することによって、賃貸人は毎月の請求書や領収書の発行が不要となります。**

この契約書への追加記載は、契約締結をやり直す必要はありません。**従来の契約書に不足している、登録番号や税率区分ごとの消費税額と消費税率を記載した書面を交付し、通知するだけでよいとされています。**メールなど電子的方法によって通知することも可能。賃借人側も、この通知を保存する方法で対応できます。

口座振替や振込で支払う家賃などのインボイス

複数の書類でインボイスの要件を満たします
BAKERY
家賃を口座振替（振込）で支払
賃貸人
賃借人

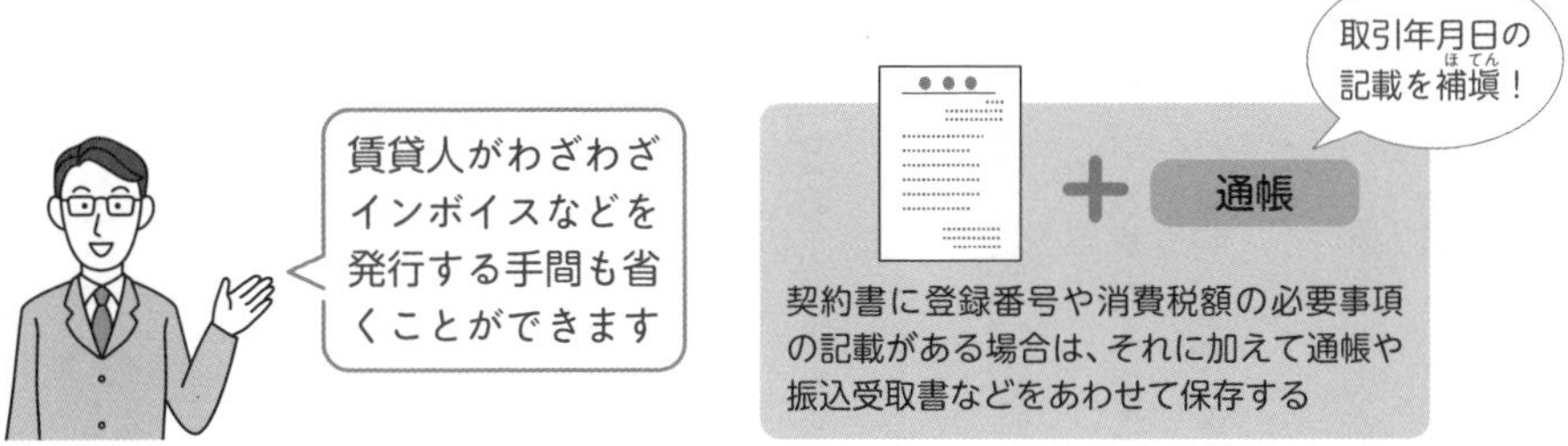

賃貸人がわざわざインボイスなどを発行する手間も省くことができます
取引年月日の記載を補塡《ほてん》！
通帳
契約書に登録番号や消費税額の必要事項の記載がある場合は、それに加えて通帳や振込受取書などをあわせて保存する

2023年9月30日以前の契約書の記載事項を追加する

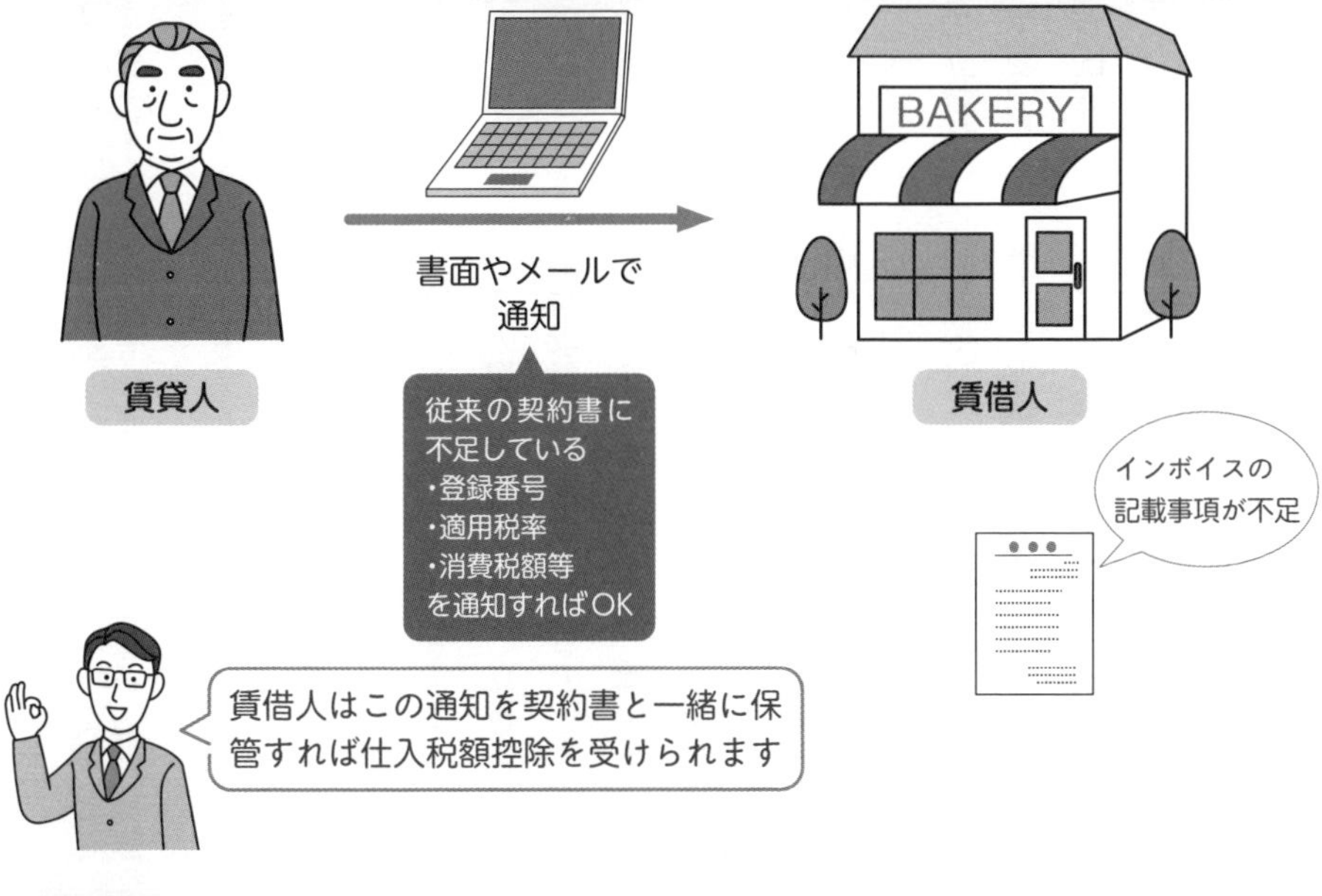

BAKERY
書面やメールで通知
賃貸人
賃借人
従来の契約書に不足している
・登録番号
・適用税率
・消費税額等
を通知すればOK
インボイスの記載事項が不足
賃借人はこの通知を契約書と一緒に保管すれば仕入税額控除を受けられます

はみ出しメモ 賃貸人が、契約期間中に適格請求書発行事業者でなくなる可能性もあるため、定期的に国税庁の公表サイトで相手が適格請求書発行事業者か確認が必要になる。

06

立替払いでインボイスが直接もらえないときはどうすればいいの?

立替払いをしたときの仕入税額控除は精算書が必要

立替金精算書の作成

三者間において、事業者Aが事業者Bの賃料を立替えて賃貸人に払うというケースがあります。この場合には、後日、AとBは精算をしますが、Bが精算によりAに支払った分の仕入税額控除を行うためにはインボイスが必要です。そのためには、**A宛のインボイスと、Aが作成した立替金精算書の交付を受ける必要があります**。立替払いの一部がBのものと明らかにされている場合に、そのインボイスの写しと立替金精算書の保存をすることによってインボイスの保存要件を満たします。

立替金精算書はインボイスの一部が実質的にはBの課税仕入であることを明らかにするためのものです。

具体的な記載事項や様式などは明らかにされていませんが、事業者Aと事業者Bの名称、支払日、支払内容および支払金額等が記載されている必要があります。

写しが大量になる場合

事業者Aが多数の事業者の立替払いを行ったことにより、Aが受領したインボイスの写しの交付が困難なときがあります。この場合には、**Aが受領したインボイスを保存し、各事業者に対して立替金精算書を交付します**。これにより、各事業者は立替金精算書の保存をもって、仕入税額控除を行うことができます。

この場合、Aは、その立替金が適格請求書発行事業者からの仕入であることを明らかにして、適用税率ごとに区分するなど、各事業者が仕入税額控除を受けるに当たって必要な事項を立替金精算書に記載しなければなりません。ただし、仕入税額控除を受けるために必要な事項は、必ずしも立替金精算書に記載していなくても問題ありません。例えば、契約書において必要事項が明記されている場合には、各事業者は仕入税額控除を受けることが可能です。

立替払いはインボイスと立替金精算書の交付を受ける

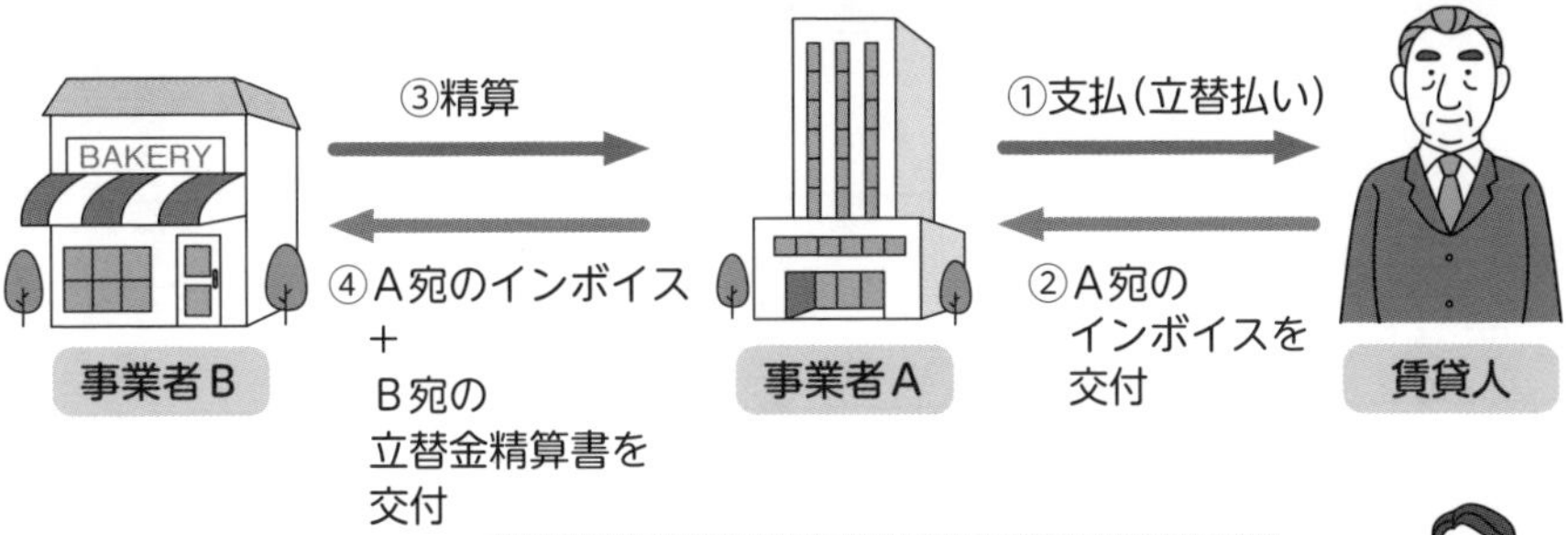

事業者Bは事業者Aが賃貸人から交付を受けたインボイスと立替金精算書を保存することで、仕入税額控除を受けることができます

立替金精算書を発行してインボイスの記載事項を満たす

立替金精算書

事業者B様　　　　発行日X３年11月10日

立替金精算書

内容	床面積	金額	消費税10%	備考
賃借料	○○㎡	100,000円	10,000円	X3年10月分家賃

賃貸株式会社（登録番号 T1234567890123）への支払額の内訳として

事業者A

A宛のインボイス

事業者A様　　　　発行日X３年11月６日

請求書

賃借料　220,000円
(うち、消費税等 10%、20,000円)

但し、X3年10月分家賃として

登録番号　T1234567890123
賃貸株式会社

宛名が事業者Bでないため
インボイスの記載事項を満たさない

立替金精算書でインボイスに不足している事項を満たすようにするんですね

はみ出しメモ　他人が立替払いするケースとしては、信用力のある元請け会社が下請先の仕入や経費の立替払いを行い、後日精算するケースもよくある。

07

委託販売では誰がインボイスの発行ができる?

受託者が委託者に代わりインボイスの発行が可能

媒介者交付特例

委託販売とは、売り手である委託者が自己の商品を委託販売事業者である受託者に預かってもらい、受託者に代理販売してもらう販売形態です。通常、委託販売では、商品が売れたときに、委託販売契約時に決めた販売手数料を差し引いた金額が受託者から委託者へ支払われます。

委託販売では、受託者が買い手に対して商品販売を行いますが、実際にその商品の代金を受け取るのは委託者です。そのため、本来は委託者がインボイスを発行しなければなりません。ただし、販売の都度、委託者が買い手へインボイスを発行することになると、せっかく商品販売業務の委託を行ったにもかかわらず、事務作業の負担は減らず、委託したメリットがなくなってしまいます。

したがって、一定の要件を満たす場合に限り、受託者が委託者に代わり、インボイスを交付することが可能になります。**これを委託販売の「媒介者交付特例」といいます。**

媒介者交付特例は委託者と受託者の双方が、適格請求書発行事業者であり、一定の要件を満たした場合に認められます。**この特例により、インボイスには委託者の名称や適格請求書発行事業者登録番号などは記載する必要がなくなります。**

委託販売精算書の作成

媒介者交付特例を利用した場合には、受託者は交付したインボイスの写しや電磁的記録はすみやかに委託者に交付することが求められます。ただし、取引数が多いときなどは委託販売精算書を作成し交付することも可能です。

また、委託者は受託者から交付されたインボイスの写しなどを保存します。**委託者が適格請求書発行事業者でなくなった場合には、その旨をすみやかに受託者に通知することが求められます。**

特例により受託者がインボイスを発行する場合

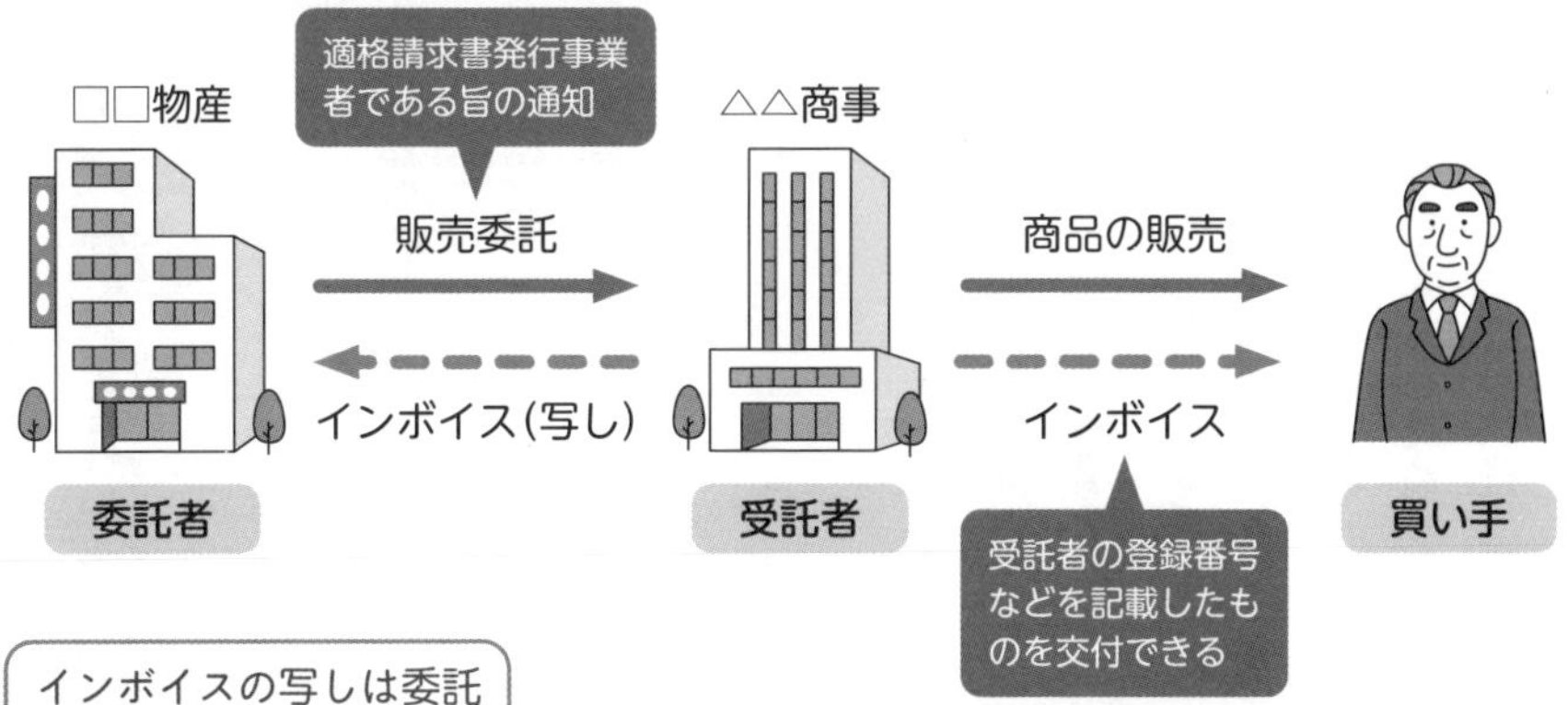

インボイスの写しは委託者も受託者も保存をしておく必要があります

媒介者交付特例の要件

①委託者および受託者が適格請求書発行事業者であること
②委託者が受託者に、自己が適格請求書発行事業者の登録を受けている旨を取引前までに通知していること
(通知方法)
・個々の取引の都度、事前に登録番号を書面により通知する方法
・基本契約等により委託者の登録番号を記載する方法　など

受託者が作成する委託販売精算書の記載例

請求書No.00011

委託販売精算書

□□物産(株)御中
(登録番号T1234567890123)

X 3年11月分(11/ 1～11/30)

日付	品名	金額(税込)
11/1	卵※	21,600円
11/1	小麦※	54,000円
11/2	スプーン	5,500円
⋮	⋮	⋮
合計		240,000円
10% 対象	132,000円	(消費税 12,000円)
8%対象	108,000円	(消費税 8,000円)

※軽減税率対象品目

△△商事(株)

請求書No.によって、購入者に交付したインボイスとの関連性を明確にする

委託者の売上のみを記載

委託者が売上税額の計算に必要な税率ごとの消費税額等の記載

はみ出しメモ　複数の委託者の商品を、受託者がひとつの買い手へ販売した場合にも、媒介者交付特例によって1枚のインボイスで交付を行うことが認められる。

08

出張旅費や通勤手当などの社内経費のインボイスはどうする？

インボイスなしでも仕入税額控除可能な出張旅費

出張旅費などの支払

会社が、適格請求書発行事業者でない社員や役員に支払った出張旅費などはインボイス制度において仕入税額控除を受けることができるのでしょうか。

社員に支払う出張旅費などは、「通常必要であると認められる部分」の金額については、「一定の事項を記載した帳簿（左ページ下図）のみの保存」で仕入税額控除が認められています。

この「通常必要であると認められる部分」とは、会社の出張旅費規程に基づく出張旅費等で、規程における出張旅費として認められ、所得税の課税の対象とならない範囲とされます。

ただし、帳簿へは出張旅費の場合、一定の事項として出張の日付、金額、支給の相手、出張の内容に加えて「出張旅費規程に基づく出張費の支給」など出張旅費が仕入税額控除として認められるものであることを記載する必要があります。

なお、出張旅費として認められない不相当に高額な部分は、所得税法では、社員の給料として扱われ、役員の場合には役員賞与として扱われることになります。

人件費には消費税が課されないため、給料や役員賞与として認定された部分は仕入税額控除の対象外になります。

通勤手当の仕入税額控除

会社の社員や役員に対して支給する通勤手当は、通勤者につき通常認められる金額であれば、一定事項の記載のある帳簿の保存のみで仕入税額控除の対象となります。

通勤手当の場合も、所得税の規定はありますが消費税への影響はありません。出張旅費の場合とは異なり、会社が支払った通勤手当については、その全額が仕入税額控除の対象となります。

インボイスが発行されないものなどの仕入税額控除

インボイスの保存なしで仕入税額控除が可能なもの

①３万円未満の公共交通機関による旅客の運送
②３万円未満の自動販売機による販売
③郵便切手を対価とする郵便サービス
④入場券等が回収されるもの
⑤古物商や質屋等が仕入れる古物、質物など
⑥従業員等に支給する出張旅費など

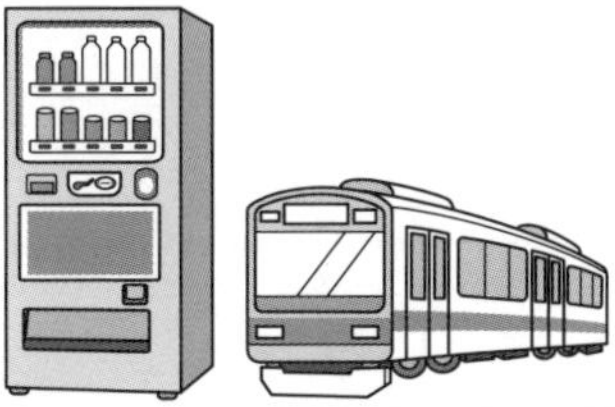

①〜③は売り手のインボイス発行が免除されるので、買い手はインボイスの保存が不要なんですね

⑤、⑥は帳簿のみの保存で仕入税額控除を受けることが認められます

出張旅費などは帳簿へ追加事項を記載する

帳簿への記載が必要な事項

①課税仕入の相手方の氏名または名称
②課税仕入を行った年月日
③課税仕入に係る資産または役務の内容（課税仕入が他の者から受けた軽減対象資産の譲渡等に係るものである場合には、資産の内容および軽減対象資産の譲渡等に係るものである旨）
④課税仕入に係る支払対価の額

＋

インボイスの保存をせずに帳簿の保存のみで仕入税額控除が認められる場合には、通常必要な記載事項に加えて、次の事項が必要になる。

- 帳簿のみの保存で仕入税額控除が認められるいずれかの仕入に該当する旨（例えば、出張旅費等）
- 仕入の相手方の住所または所在地

出張旅費等については、「仕入の相手方の住所または所在地」を記載する必要がありません

はみ出しメモ 出張旅費以外でも、一定の小規模事業者は経過措置期間のあいだ、１万円未満の取引は一定の事項が記載された帳簿のみの保存で仕入税額控除が認められる。

09

インボイスは紙の書類で交付が必要なの？

電子インボイスとしてデータでの交付が可能

電子インボイスの要件

電子インボイスとは、インボイスを電子データ化したものを指します。具体的には、インボイスを光ディスクや磁気テープ等の記録用の媒体、EDI取引、電子メールのほか、インターネット上にサイトを設けて、そのサイトを通じたデータの提供などがこれに該当します。

つまり、インボイスのPDFファイルを電子メールに添付して送信すれば、電子インボイスを提供したことになります。また、インターネット上に保存されているデータをダウンロードして提供する場合も電子インボイスを提供したことになります。

電子化で効率が上がる

電子インボイスの普及が進んだ場合、**販売システムなどの基幹システムと会計・税務システムが連携され、バックオフィス業務の省力化につながり、生産性の向上が実現することになります。**

例えば、電子インボイスを利用した場合、請求情報を自社のシステムに自動で取り込めるように標準化すれば、複雑化された仕入税額控除も、システムで自動計算してくれます。

また、インボイスを書面によって発行した場合は、原本の紛失リスクがありますが、電子インボイスを利用する場合、紛失リスクを軽減することが可能です。

さらに、インボイス制度では、適格請求書の写しや電磁的記録のすべてについて、一定期間の保存が義務付けられていますが、請求書を電子データとして保存することで、過去のデータも含めて請求書データが迅速に検索できるようになり、書類保管の経費の削減も見込めます。

ただし、電子インボイスは第三者に情報を抜き取られる情報リスクがあります。改ざんやデータ消去などの可能性がある点にも、注意が必要です。

さまざまな形態で発行できる電子インボイス

電子インボイスに該当する交付方法

①光ディスクや磁気テープなどの記録用の媒体による交付
②EDI取引による交付
③電子メールによる交付
④インターネット上のサイトを通じた交付

インボイスをPDFデータにして送付することで電子インボイスを提供することになります

電子インボイスで事務作業がスムーズになる

電子インボイスを活用すると、これらの事務作業を連携できるようになり将来的に作業負担を減らすことができます

用語 **EDI取引**…EDIとは、電子データ交換という意味。EDI取引は、発注書や請求書などを電子データでやりとりする取引のことをいう。

10

インボイスを電子保存することもできるの？

紙のインボイスもスキャナ保存で電子的に保存可能

電子インボイスの保存

書面で受領したインボイスは、そのまま保存できますが、電子メールに添付されたＰＤＦやクラウドシステムからダウンロードした電子インボイスをそのまま保存しておけばよいわけではないので注意が必要です。

電子データは記載内容の変更、改ざんが容易であるため、受領したデータに何も変更を加えていないことを証明する必要があります。

受領したインボイスに変更を加えていないことを証明するためには、例えば、訂正や削除を防止する規定を定めて運用する、受領後にタイムスタンプを自ら付与する、売り手からタイムスタンプを付与して送付してもらう、訂正・削除ができないシステムを導入するなどの方法で運用する必要があります。

また、保存されたデータはルールに基づいて保存を行う必要があります。保存データの種類や量が多く、管理が困難な場合には、検索機能が担保されたシステムなどを活用する方法があります。

受領した書面の電子保存

紙で交付されたインボイスを電子保存することも認められています。

紙のインボイスを電子保存する際には、スキャナやスマートフォンなどで読み取って電子化して保存します。スキャナ保存をうまく活用することで、紙の保管にかかる費用の削減などの効果も期待できます。

ただし、スキャナやスマートフォンなどで電子保存する場合には、電子帳簿保存法で定められた要件を満たす必要があります。

例えば、解像度などを規定したスキャナ保存の要件、電子データを適切に管理するためのシステムに関する要件などを満たす必要があり、保存する電子データは修正や改ざんがない本物であることを、誰もが確認できる状態の確保が求められます。

紙で受領したインボイスなどのスキャナ保存

対象となる書類（国税関係・取引関係書類）

自己発行の写し

- 請求書
- 見積書
- 納品書
- 注文書
- 領収書

など

相手先から受領

- 請求書（控）
- 見積書（控）
- 納品書（控）
- 注文書（控）
- 領収書（控）

など

電子帳簿保存法で
規定されています

スキャナ保存の要件

真実性の確保

- タイムスタンプを付与
- 登録者・その者を管理する人が確認できること
- バージョン管理（訂正・削除の確認）
- 帳簿との相互関連性を確認できること

可視性の確保

- 解像度200dpi以上
- 書類の大きさに関する情報を保存
- 検索機能の確保
- カラー画像による読み取り
- 入力期間の設定

電子帳簿保存法とは

電子帳簿保存法とは、消費税法やそのほかの税法で原則「紙」での保存が義務とされていた帳簿書類の電子データでの保存を可能とし、電子的に授受した取引情報の保存義務を定めた法律です。電子帳簿保存法では、電子データとしての保存の種類を以下の3種類に区分しています。

①会計ソフトなどで電子的に作成した帳簿や国税関係書類の保存（電子帳簿等保存）
②紙で受領・作成した書類を画像データで保存（スキャナ保存）
③電子メールやネット上からのダウンロードで電子的に授受した取引情報をデータで保存（電子取引の保存）

この区分に応じて保存の要件などが示されています。

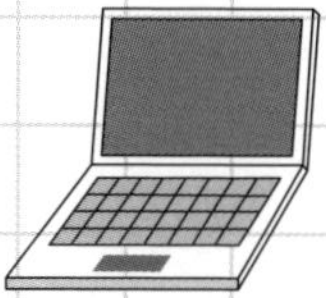

用語 **タイムスタンプ**…第三者である時刻認証局が、電子文書に付与をするスタンプ。文書の存在と非改ざん性が証明できる。

ちょっとひと息

COLUMN

副業収入の「所得税」問題

「収入を増やしたい」「ひとつの仕事だけでは生活できない」「自分が活躍できる場を広げたい」などの理由から、本業の会社とは異なる会社でアルバイトをして給与収入を得たり、ネットオークションなどで収入を得たり、いわゆる「副業」をする人が増加傾向にあります。

ここで取り上げるのは、その副業収入にかかる所得税の話題です。

日本政府は、2018年１月に副業・兼業の促進に関するガイドラインを作成し、2020年９月には、これを改定。企業も社員も、より安心して副業や兼業を行うことができるようなルールを明確にしています。

しかし、2022年８月に国税庁は「会社員の副業収入が300万円を超えない場合」は、事業所得ではなく雑所得とする改正案を出しました。その理由は、不本意な節税対策です。

事業所得も雑所得も、収入から必要経費を引いて計算できる点は同じです。一方、異なる点は、損益通算です。事業所得の場合は給与所得との損益通算が可能。副業で出た赤字を本業の給与所得と損益通算して節税が可能なのです。

ただ、これに対してパブリックコメントでは「300万円の金額基準には根拠がない」などと批判が相次いだため、事実上300万円の基準は排除。所得にかかる取引を記録した帳簿書類を保存すれば、事業所得と認められることになりました。

第6章

もっと知りたい！
インボイスの経理処理

消費税の計算方法は「割戻し計算」「積上げ計算」の２種類があります。これらの計算の方法の選択にも一定の制限が設けられています。

01

消費税の納税額の具体的な計算はどうしているの？

消費税額の割戻し計算と積上げ計算の方法

売上消費税の計算方法

売上税額は、割戻し計算が原則です。取引の総額を標準税率と軽減税率の適用税率ごとに分け、それぞれを割戻して計算を行う方法です。

具体的には、課税期間の税率ごとの課税売上高の合計を割戻して税抜金額にし、その後、それぞれの適用税率を乗じることによって消費税額を算出します。

ただし、小売業や飲食業などの少額の課税売上を大量に行う事業では、レジ決済の都度に消費税の１円を切り捨てた代金をもらっているケースも多くあります。この場合、切り捨てた消費税が積み重なって負担となることもあります。**そのため、売上税額の計算方法として積上げ計算が特例として認められています。**

積上げ計算では、インボイスに記載された税率ごとの消費税額を合計して、合計額に１００分の78を乗じて消費税額を計算します。

仕入税額の計算方法

仕入税額の計算方法は、積上げ計算が原則です。積上げ計算では、インボイスに記載された税率ごとの消費税額を合計し、合計額に１００分の78を乗じて税額計算を行います。

ただし、仕入税額についても、課税期間の課税仕入の合計額から消費税額を割戻して計算する、割戻し計算が特例で認められています。

なお、これまでは、仕入税額の計算方法として割戻し計算が原則的な計算方法でした。しかし、インボイスには、消費税額の記載があります。そのため、インボイスに記載された消費税を積み上げて計算を行う方法がより正しい計算であるとして、積上げ計算が原則となりました。

ただし、**インボイス制度開始により、仕入税額について割戻し計算を廃止すると、影響が大きくなります。そのため、引き続き割戻し計算が特例として認められています。**

売上税額の割戻し計算と積上げ計算の方法

割戻し計算（原則）

課税標準額 ／ 税率（P32参照）

① 軽減税率の対象となる売上税額 ＝ 軽減税率の対象となる課税売上合計（税込） × $\frac{100}{108}$ × $\frac{6.24}{100}$

② 標準税率の対象となる売上税額 ＝ 標準税率の対象となる課税売上合計（税込） × $\frac{100}{110}$ × $\frac{7.8}{100}$

売上税額の合計額 ＝ ① ＋ ②

積上げ計算（特例）

売上税額の合計額 ＝ 適格請求書等に記載した消費税額等の合計 × $\frac{78}{100}$

積上げ計算ができるのは、適格請求書発行事業者に限られています

割戻し計算と積上げ計算の比較

1個550円（税込）のお弁当を1,000個販売した場合（消費税は1個当たり40円）。

割戻し計算

550円×1,000個＝550,000円（税込）
550,000円×100/108※≒509,259円 → 509,000円（千円未満切捨）
509,000円×８％※＝40,720円 → 40,700円（百円未満切捨）

※簡便化のため国税と地方税を合算して計算。お弁当は軽減税率対象品目。

積上げ計算

40円×1,000個分＝40,000円
インボイスに記載の消費税額40円を単純に1,000個分合計する。

この場合、積上げ計算のほうが有利になります

はみ出しメモ　取引先ごとに割戻し計算と、積上げ計算を分けて適用し、それぞれの方法を併用して売上税額の計算をすることも認められる。

02

売上税額と仕入税額の組み合わせの制限がある

割戻し計算と積上げ計算は自由に組み合わせられるの？

計算方法の組み合わせ

消費税の計算方法として、売上税額は割戻し計算が原則的な計算方法で、仕入税額は積上げ計算が原則的な計算方法とされています。

一方で、それぞれの税額計算において特例の選択も認められています。ただし、この選択は自由に行えるわけではありません。

売上税額について、特例の積上げ計算を選択した場合には、仕入税額も積上げ計算を行わなければならず、この場合、仕入税額は割戻し計算の特例を選択することはできません。

ただし、売上税額について、割戻し計算を行った場合には仕入税額をどちらの方法で計算を行ってもよいとされています。仕入税額の計算方法はその選択に、制限があることに注意が必要です。

積上げ計算の2つの方法

積上げ計算の方法は、「請求書等積上げ計算」と「帳簿積上げ計算」の2種類があり、請求書等積上げ計算と帳簿積上げ計算は併用が可能です。

請求書等積上げ計算は、インボイスに記載された消費税をひとつずつ足し算していき、課税期間における売上消費税や仕入消費税を求める方法です。

帳簿積上げ計算は、課税仕入の都度、税込の課税仕入額に１１０分の10（軽減税率対象の場合は１０８分の８）を掛けて消費税額を求めて、それを会計上の「仮払消費税等」などの勘定科目として帳簿に記載していき、その積算額で仕入消費税額を求める方法です。

請求書等積上げ計算は、インボイスに記載された消費税額をひとつずつ足し算して合計を求めるので、事務作業の限界があります。

これに対して、帳簿積上げ計算の場合には、会計ソフトのシステムで取引ごとの消費税額の自動計算が可能です。

売上税額と仕入税額の組み合わせの制限

売上税額の計算

- 割戻し計算（原則）
- 積上げ計算（特例）

（割戻し計算（原則）と積上げ計算（特例）は併用可）

仕入税額の計算

- 積上げ計算（原則）
  - 請求書等積上げ計算
  - 帳簿積上げ計算

  （請求書等積上げ計算と帳簿積上げ計算は併用可）
- 割戻し計算（特例）

売上税額の積上げ計算（特例）と仕入税額の割戻し計算（特例）は組み合わせ不可！ ×

売上税額の計算で積上げ計算を選択した場合には、仕入税額の計算も積上げ計算を選択する必要があるんですね

請求書等積上げ計算と帳簿積上げ計算の計算方法

請求書等積上げ計算

仕入税額の算定 ＝ インボイスに記載した消費税の合計額 × $\frac{78}{100}$

帳簿積上げ計算

① 帳簿上の仮払消費税等（標準税率） ＝ 課税仕入額の合計額（税込） × $\frac{10}{110}$

② 帳簿上の仮払消費税等（軽減税率） ＝ 課税仕入額の合計額（税込） × $\frac{8}{108}$

仕入消費税額 ＝ 帳簿上の仮払消費税等（①＋②） × $\frac{78}{100}$

帳簿積上げ計算は、インボイスごとに行います

はみ出しメモ 積上げ計算を行う場合に、適格簡易請求書（簡易インボイス）で、消費税額等が記載されていないときは、税込金額に110分の10または100分の8を乗じて消費税額等を算出する。

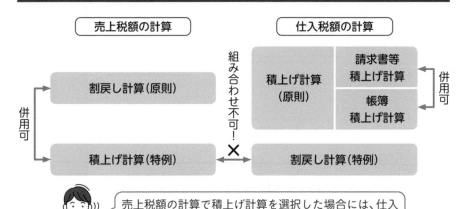

03

請求書の締め日が20日だと注意が必要?

決算日と締め日が異なる場合の消費税の計算方法

20日締めはズレが生じる

会社の決算月は会社ごとに選択できますが、決算日は月末日であるケースがほとんどでしょう。一方で、会社の都合で、請求書の締め日が月末日以外の20日などであることは珍しいことではありません。

この場合、請求書の締め日が月末日以外となり、請求書の締め日と会社の決算日にズレが生じてしまいます。このような場合には、消費税の課税期間における課税売上や課税仕入の集計は、単純に各月の請求書の金額を集計して計算することはできません。

決算日と締め日がズレている場合の調整

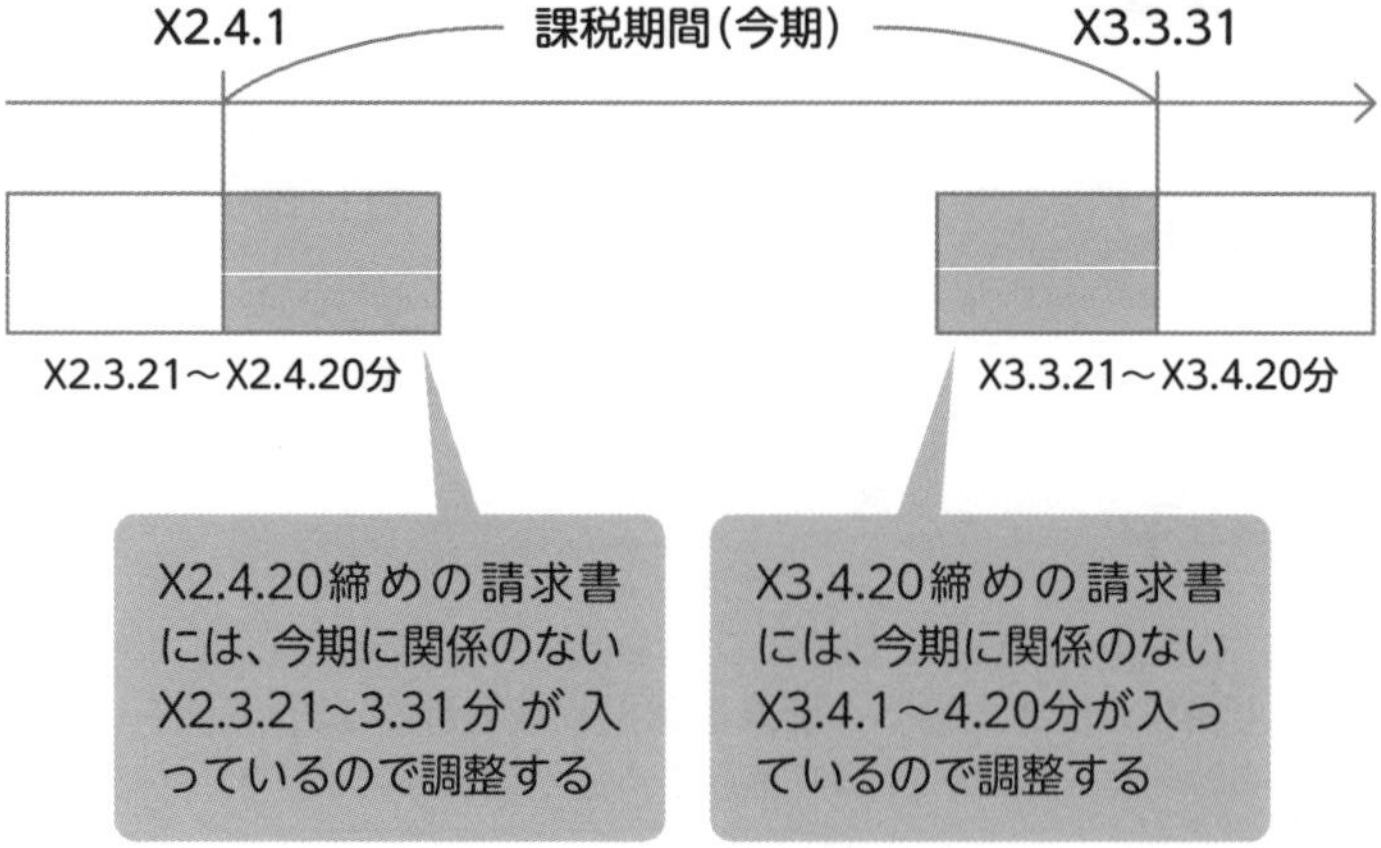

X2.4.1
課税期間(今期)
X3.3.31
X2.3.21～X2.4.20分
X3.3.21～X3.4.20分
X2.4.20締めの請求書には、今期に関係のないX2.3.21~3.31分が入っているので調整する
X3.4.20締めの請求書には、今期に関係のないX3.4.1～4.20分が入っているので調整する

請求書のうち、それぞれの課税期間に属する部分を抽出して期首と期末の両方で計算が必要です

仕入税額は併用ができない

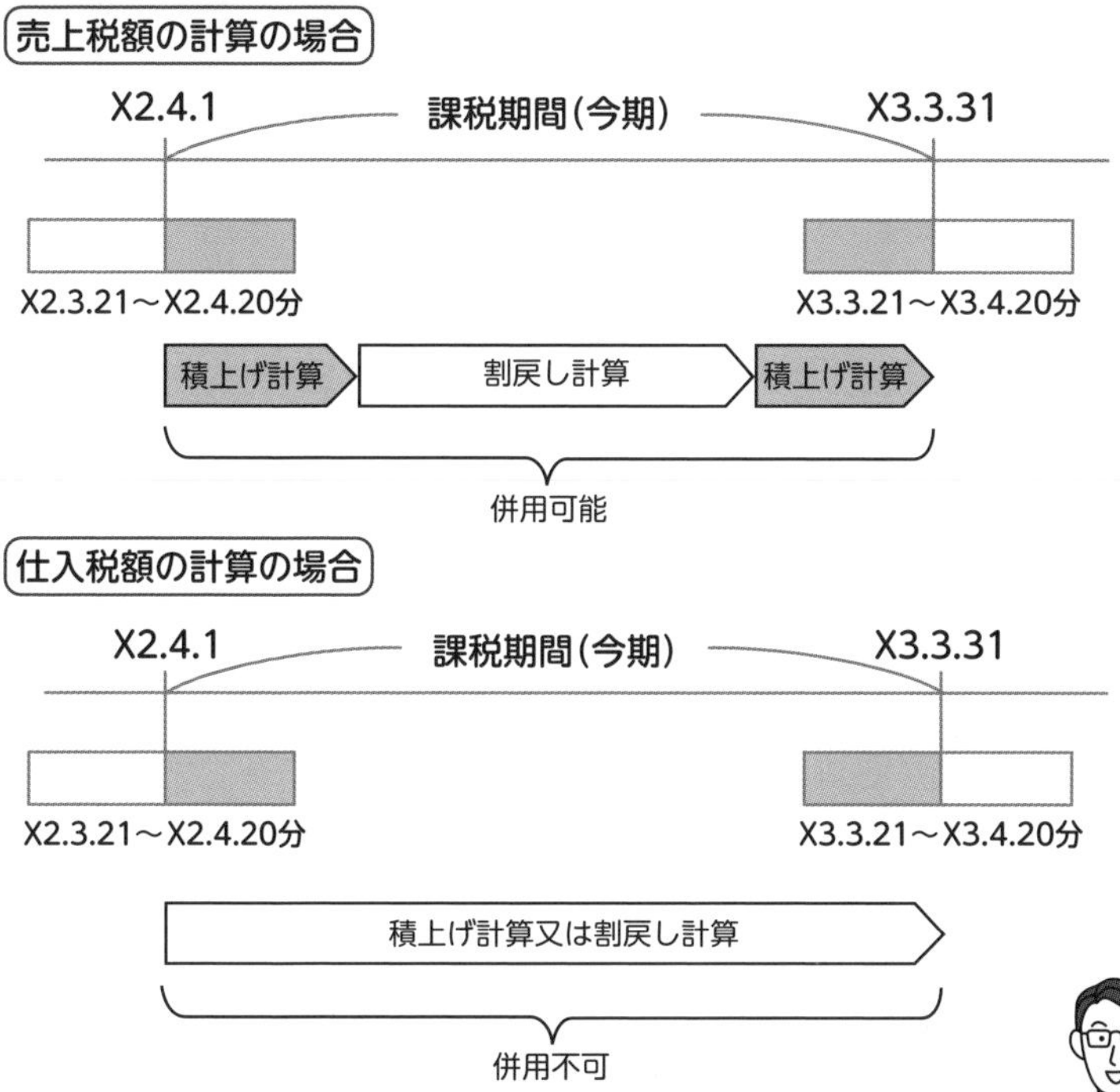

売上税額の計算で、積上げ計算を選択していた場合には、仕入税額の計算では割戻し計算の選択はできません(P116)

調整する期間の計算

決算日をまたぐ期間の請求書は、分けて集計を行う必要があります。まず、請求書の計算期間が決算日をまたがない月の場合、各月の請求書の金額を単に合計して、課税売上や課税仕入の集計を行います。

一方で、計算期間が決算日をまたぐ月の場合には、請求書の内容から、課税期間に対応する取引を抽出して、課税売上や課税仕入の集計を行う必要があります。なお、区別して集計した売上税額の計算には、割戻し計算と積上げ計算の併用が可能です。ただし、課税期間における売上税額の計算で、一度でも積上げ計算を適用した場合には、仕入税額の計算は、割戻し計算を適用できない点に注意が必要です。

はみ出しメモ　請求書に計算期間中の取引金額の合計額のみが記載となっているときは、納品書などほかの書類から取引日を確認して課税仕入や課税売上の金額を調整する必要がある。

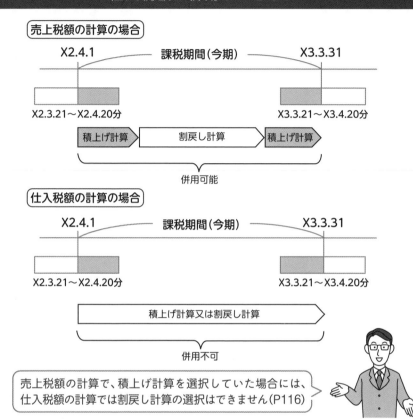

04

消費税の経理方法にはどんなものがあるの?

消費税の経理方法は税込と税抜の2種類存在する

税込と税抜の経理方法の違い

所得税や法人税の所得計算に当たり、消費税の経理処理方法については「税込経理方式」と「税抜経理方式」の2種類が認められています。

税込経理方式とは、消費税を売上や仕入などに含めて経理する方法です。税込経理方式では、納付税額を「租税公課」として費用に計上します。また、消費税が還付となった場合は、その金額を雑収入として収益に計上します。

一方、税抜経理方式とは、消費税を売上や仕入などに含めないで、区別して経理する方法です。税抜経理方式では、売上や仕入に伴う消費税は会計上「仮受消費税」と「仮払消費税」として計上します。そして、決算においてそれぞれの科目を整理し、消費税を申告納付します。

なお、**消費税の免税事業者の場合には税込経理方式で行うこととされています。**

処理方法による有利・不利

消費税の経理処理方法でいずれの方法を採用しても利益の金額は一致します。したがって、経理処理の煩雑さや損益数字の見やすさなどを考慮して採用の判断をすることになります。

まず、処理の煩雑さの観点から見た場合には、税込経理方式が有利になります。税抜経理方式を採用する場合、売上取引等から手作業で消費税等を分けて記帳する必要があるため手間がかかります。

一方で、損益の把握という観点から見た場合、税抜経理方式が有利になります。税抜経理方式によれば、消費税等を含まない売上や仕入などの金額を把握することができます。

また、**税抜経理方式では消費税額はすべて「仮受消費税等」と「仮払消費税等」の科目に集約されるため、決算を待たず、期中からある程度納税額の予測が可能になります。**

税込経理方式と税抜経理方式のどちらも利益は同じ

税込経理	
売上	1,100
仕入	880
租税公課	20
利益	200

税込経理は「租税公課」として費用が計上される

税抜経理	
売上	1,000
仕入	800
利益	200

同額

経理方式は所得税や法人税の所得計算を行う際に影響し、消費税の納付額の計算とは異なります

税込経理と税抜経理のメリット・デメリット

	税込経理	税抜経理
メリット	・処理が容易	・純粋な損益が把握できる ・消費税・法人税などの税額予測がしやすい
デメリット	・損益が把握しづらい ・消費税・法人税などの税額予測がしにくい	・処理が煩雑

税込経理と税抜経理のいずれの方法を採用しても利益額は一致するので、それ以外のメリット・デメリットで処理方法の選択を判断します

はみ出しメモ　税抜経理を選択した場合には、一部の資産などのグループ単位で税込経理を併用することが認められている。この場合には、決算において収益金額の調整が必要となる。

05

インボイスになると電子化されたものでないとダメ？

手書きの請求書でもインボイスとして認められる

手書きの請求書は認められるか

インボイス制度が導入開始になると、インボイスはシステムから出力したデータなどが有効となり、手書きで作成したものはインボイスとして認められないなどと勘違いしている人がいるかもしれません。

インボイスは請求書などの記載事項や保存については定めがありますが、書式が厳しく定められているわけではありません。**システム利用の指定もないため、手書きも認められています。**ただし、請求書を手書きする際は、インボイスの必須事項以外にも記載したい項目があります。

まず、請求書ごとに番号をつけることで書類の管理がしやすくなるため、請求番号の記載をしたほうがいいでしょう。また、一定の場合は、源泉徴収を行うことが義務となるので、忘れずに記載しましょう。入金管理のために振込期限を記載するのもいいでしょう。

ソフトウェアの活用

手書きの請求書を作成している事業者である場合、インボイス制度導入を機会にして、請求書発行用のソフトウェアを活用することを検討してもいいでしょう。

インボイス制度において、インボイスの必要事項は漏れなく記載する必要があります。また、取引相手が適格事業者であるかなどの情報の記録も必要になります。

特に、近年では、デジタル化が進み、請求書情報のシステム入力効率を高める目的や、紙面の保管コストを回避する目的で、電子化された請求書を扱う会社が増えています。そのため、取引先によっては電子化された請求書を要望するケースがあります。

請求書作成にソフトウェアを導入することで、請求書の作成業務だけでなく、さまざまな事務作業の効率化が期待できます。

手書きの請求書も記載事項を満たせばOK

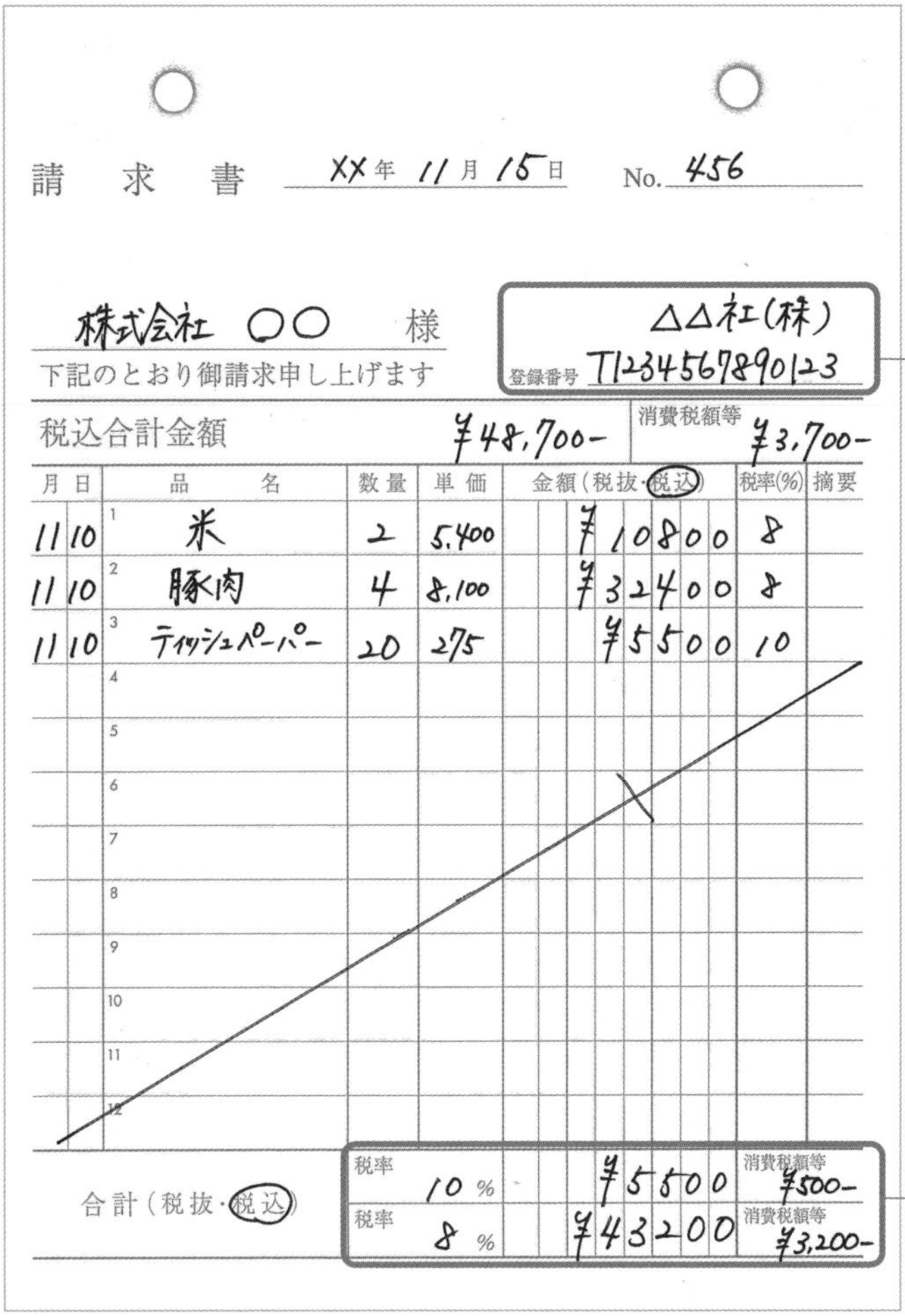

請求書 XX年 11月 15日 No. 456

株式会社 ○○ 様

下記のとおり御請求申し上げます

△△社(株)

登録番号 T1234567890123

税込合計金額 ¥48,700-

消費税額等 ¥3,700-

月	日	品名	数量	単価	金額（税抜・税込）	税率(%)	摘要
11	10	1 米	2	5,400	¥10800	8	
11	10	2 豚肉	4	8,100	¥32400	8	
11	10	3 ティッシュペーパー	20	275	¥5500	10	
		4					
		5					
		6					
		7					
		8					
		9					
		10					
		11					
		12					

合計（税抜・税込）	税率	金額	消費税額等
	10 %	¥5500	¥500-
	8 %	¥43200	¥3,200-

今までのものに登録番号が追加になる

税率ごとの金額を記載する欄が追加になる

インボイスの保存については、複写式の控えの保存も認められています

インボイス制度開始を機会に、請求書作成にソフトウェアを導入するのもオススメ

はみ出しメモ 従来の手書きの請求書（区分記載請求書）に、必要な事項を手書きやゴム判で追加し、記載事項を満たせば、インボイスとして使用することも可能。

06

会計システム導入は業務効率アップに欠かせない

クラウド型会計システム

中小企業では、日々の取引業務から会計・税務処理までのあらゆる業務プロセスにおいて、紙やＦＡＸを中心とした多くのアナログが存在しています。これにより、生産性が妨げられているともいわれています。

この問題を解決するためには、単に紙の処理の電子化を進めるのではなく、デジタルを前提として、業務のあり方そのものを見直し、業務全体の効率化を実現する必要があります。最近のクラウド型会計システムは、業務のあり方の変革をサポートするツールとして適しています。

クラウド型会計システムは会計・税務申告だけでなく、電子契約締結、請求書発行、給与計算や勤怠管理、経費精算などの各システムが相互にデータ連携されています。例えば、請求書発行システムで請求書を作成して得意先に発行すれば、その情報は売上情報として会計システムに自動で取り込まれて、会計仕訳を起票するなどの業務効率をサポートする機能がついています。

会社の業務プロセスでアナログが多い場合には、このシステムをうまく活用して、業務の効率化に役立つ可能性があります。なお、クラウド型会計システムはシステム利用の価格も比較的安価であり、知識がなくても操作しやすいメリットもあるので、会計システムから切り替えるという選択もあるかもしれません。

専門家に何を相談すべきか

会計システムの進歩により、会計仕訳を記帳する業務は、高度な専門知識がなくてもシステムの指示にしたがって容易に入力することが可能となってきました。

そのため、**単純業務にコストをかけず、入力した数字を前提として、税制改正、経営分析や資金調達のアドバイスを求めるなど、専門家との付き合い方も変化が生じています。**

システムを導入すれば管理を一元化できる

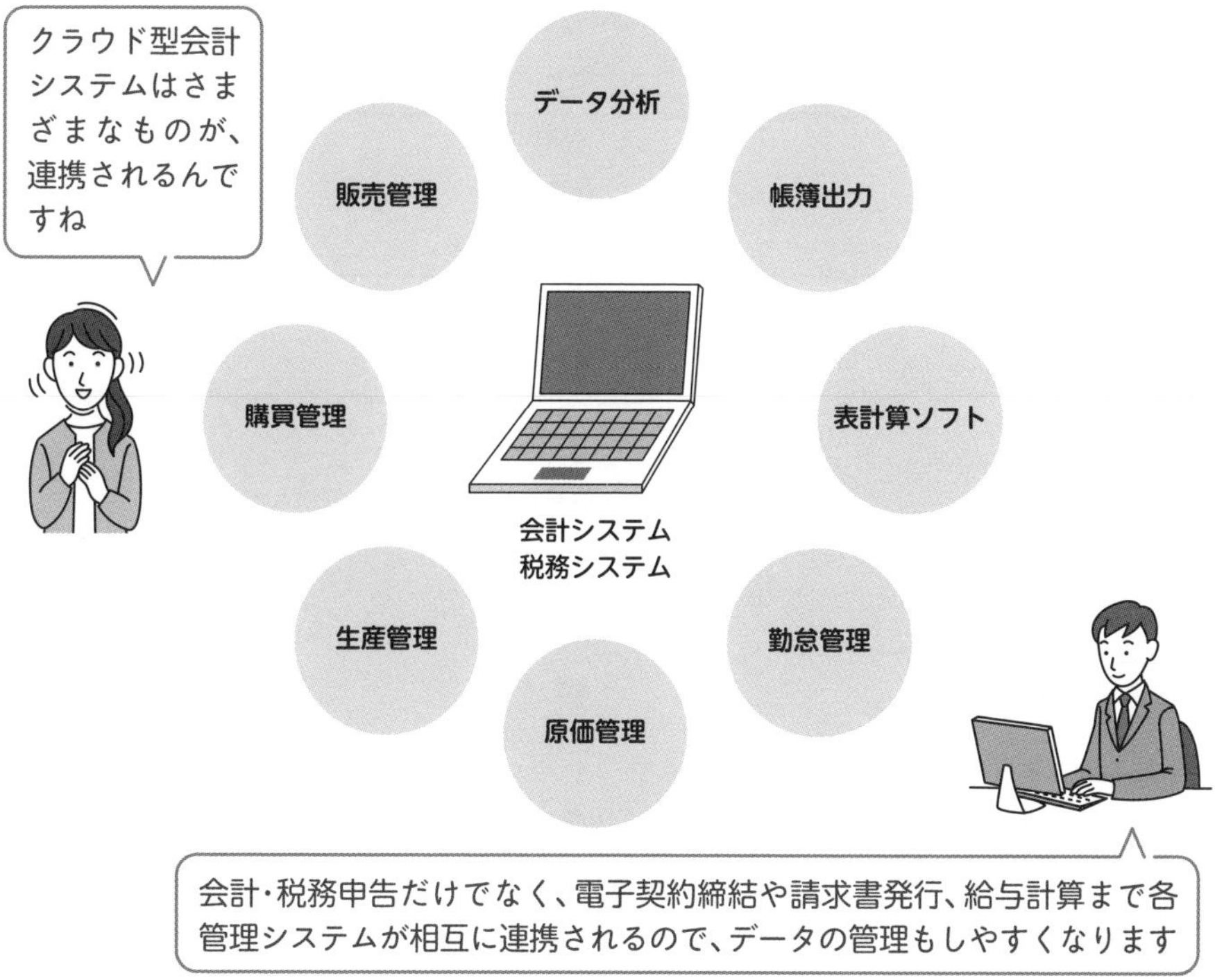
クラウド型会計システムはさまざまなものが、連携されるんですね
データ分析
販売管理
帳簿出力
購買管理
表計算ソフト
会計システム
税務システム
生産管理
勤怠管理
原価管理
会計・税務申告だけでなく、電子契約締結や請求書発行、給与計算まで各管理システムが相互に連携されるので、データの管理もしやすくなります

税理士などの専門家への相談

アナログの場合
税理士には記帳代行を依頼
システムを導入
記帳はシステムで管理
経営分析などの専門的なことを税理士などに相談
自社がどこにコストをかけるのが適切か、考えてみるのもいいでしょう

用語 **クラウド型会計システム**…インストール型の会計システムとは異なり、インターネット上でいつでも、どこでも処理を行うことができるもの。

さくいん

眞鍋泰治 ・ まなべ やすじ

1964年生まれ。公認会計士・税理士。一橋大学経済学部、東京工業大学大学院卒業。眞鍋会計事務所所長。日本銀行にて金融機関考査等に従事したあと、公認会計士・税理士に転じ、内外のさまざまな金融関連企業の財務・税務や内部監査に取り組んでいる。また、地方自治体の包括外部監査、労働組合の会計監査、会計士協会神奈川県会の社会福祉法人等特別委員会の委員も務め、公共・非営利法人の分野も手掛けている。
（第 1 章～第 3 章および P40・66・90 コラム担当）

神谷 了 ・ かみや さとる

1978年生まれ。公認会計士・税理士。学習院大学経済学部卒業。神谷了公認会計士事務所所長。千代田トラスト綜合会計グループ代表社員。EY 新日本有限責任監査法人時代には、上場企業、IPO 企業、金融機関などの会計監査を担当。現在は IPO を含むスタートアップ企業を中心に、税理士として顧問税理士業務・公認会計士としてコンサルティング業務を提供している。ほかにも、社会福祉法人の会計顧問業務、社会福祉協議会の講演業務などにも継続従事しており、一般企業、公会計など幅広い分野において、会計・税務の業務を実施している。
（第 4 章～第 6 章および P20・112 コラム担当）

装幀　石川直美（カメガイ デザイン オフィス）
装画　hisa_nishiya/shutterstock.com
イラスト　高橋なおみ
本文デザイン　有限会社アイル企画（丸岡葉月、平松 剛）
編集協力　有限会社ヴュー企画（生形ひろみ）
編集　鈴木恵美（幻冬舎）

知識ゼロからのインボイス制度

2023 年 4 月 5 日　第 1 刷発行

著　者　眞鍋泰治　神谷 了
発行人　見城 徹
編集人　福島広司
編集者　鈴木恵美

発行所　株式会社　幻冬舎
〒 151-0051　東京都渋谷区千駄ヶ谷 4-9-7
電話　03-5411-6211（編集）　03-5411-6222（営業）
公式HP：https://www.gentosha.co.jp/
印刷・製本所　近代美術株式会社

検印廃止

ISBN978-4-344-90358-6 C2095
Printed in Japan
この本に関するご意見・ご感想は、下記アンケートフォームからお寄せください。
https://www.gentosha.co.jp/e/